別居・離婚後の「共同親権」を考える

子どもと同居親の視点から

熊上 崇／赤石千衣子 編著

明石書店

まえがき

「離婚後も子どもの養育に父親と母親の両方が関わることはよいことのような気がするが、共同親権制度導入に反対あるいは慎重な人たちがいるらしい、その人たちの意見も聞いてみよう」ということでこの本を手に取ってくださった方がいらっしゃるのではないでしょうか。この問題に関心を寄せてくださりありがとうございます。

あなたがこの本を手にとられたときには、離婚後の共同親権もできるように法律が変わってしまっている可能性もあります（施行は二年後の可能性あり）。

共同親権制度とはただ、子どもが別居親と会うことを推進する制度、ではありません。共同親権となった場合には、子どもの重要事項を共同で決定することになっています。共同で決定する、というと聞こえはいいのですが双方に拒否権ができてしまいます。

離婚後も子どもに父母両方が関わることは、よいことです。しかし、それは、現在の単独親権下でもできます。共同親権で問題がない場合は、DVや虐待など、同居親と子どもに不利益がなく、また父母間で平穏にコミュニケーションがとれて共同で意見を決めることができる関係にあり、子どもの意思を尊重する、そういう条件に限られると思っています。

しかし、今回の民法改正では、DVや虐待などについて、一定の除外の規定は入っています。しかし、DVや虐待の除外をするためには、第一章で金澄道子弁護士がいうように立証が必要となり、すべての被害者ができるとは思えません。また、DVや虐待がなくても共同で決定することがむずかしい父母である場合、共同親権になったら子どもの不利益ははかりしれません。そもそも、本当にコミュニケーションできる父母にとっては、どちらかに親権があっても、平和に双方が子どもに関われることができるので、共同親権制度は必要ないのではないでしょうか。

シングルマザーサポート団体全国協議会（現在ひとり親家庭サポート団体全国協議会に改称）が2022年に行った「離婚後等の子どもの養育に関するアンケート調査」では、コロナのときに、ワクチン接種をするかどうかを子どもの別居親と話し合って決めたと言う人は4％くらい、94％は話し合っていませんでした。なぜ話し合わなかったか聞いたところ、「まったく連絡がとれない」46％、「日常的な子どもの健康状態を知らない人と協議しても、参考にならないと思う」36％、「連絡するとかえって問題がこじれる」8％でした。

ワクチン接種だけでなく、重大な医療行為（手術や治療）を合意できないときには医療機関も困りますし、決断が遅れれば子どもの不利益になります。医療機関も訴えられかねなくなるため慎重にならざるをえないのです。

教育、医療など子どもに関わる重要な決定について、「急迫」しているときには単独の決定でよいということになる見通しですが、では「急迫」を誰が決めるのでしょう。

争いになって家庭裁判所の判断を仰ぐことになれば、弁護士さんへの費用もかさみます。子どもの手術ができなくなった、進学手続きができなくなったら子どもの利益が損なわれます。いっぽう、子どもにまったく関心を示さない別居親というのも30～40％はいることも考えねばなりません。関心を示さない人にも関わってもらおうと考え、共同親権を決定することに合意する人もいるでしょう。子どもに養育費を払うようになったり、あるいは、子どもとの交流や、子どもに責任を持つようになるなどの効果を期待している人もいるでしょう。しかし、連絡が取れないので重要な意思決定が間に合わないことも危惧されますし、再婚して急に関わらなくなる親もいます。大学進学のときに費用が掛かりすぎるから反対されてしまった例もありました。

共同親権制度がうまく機能するのはかなりむずかしいということがわかっていただけたでしょうか。

本書では、まず第一章で法制審議会が提出した要綱案の問題点を金澄弁護士にわかりやすく解説していただきます。第二章以下では、これまでシングルマザーサポート団体全国協議会で開催した講演を中心に様々な角度からこの改正の問題点をお伝えします。そして、当事者の子どもたち、親たちの声をお伝えします。さらに、特に精神的ＤＶが隠れた問題であることを精神的ＤＶの加害者だった男性側からの声を書いていただき、岡村晴美弁護士にはＤＶ被害の観点からこの制度について書いていただきました。

いまからでも遅くありません。
この問題を理解し、子どもたちがこれ以上つらい思いをしなくていいように、共に考え、力を貸していただければ幸いです。

しんぐるまざあず・ふぉーらむ　赤石 千衣子

本書刊行への思い

離婚後共同親権は何が問題なのか

熊上　崇

現在国会で民法改正の審議が行われており、離婚後共同親権が導入されようとしています。離婚後共同親権は、子どもの進学や医療、転居について双方の合意が必要、逆に言えば一方が拒否すれば進学や医療、転居ができなくなります。すなわち、子どもたちが自由で安心に生き、育つ未来をふさぐという問題点があるからです。

共同親権の問題は、全国で１００万人以上いる離婚家庭の子どもや、その親に関係します。本法案が改正されれば、婚姻中も「急迫」でなければ子連れ別居もできなくなるかもしれないため、ＤＶ当事者や支援者が大きな不安を抱いています。また離婚後共同親権になれば、進学や医療などで双方の合意が必要となり、合意が得られなければ家庭裁判所の調停や審判となる可能性があります。このように共同親権は、離婚後も人生の節目で双方の合意が必要となり、子どもや同居親を支配する道具となります。この2点が、我々が共同親権の導入に反対する大きな問題点です。離婚後もパパもママも養育に関わる、というのが問題なのではありません。本書は子どもに関わる皆さんに、離婚後共同親権の問題点を理解していただきたいと思い、編集しました。

また、共同親権は子どものいる離婚家庭だけの問題ではありません。離婚家庭の子どもに関わる保育や教育、医療や福祉、行政など多くの人に関係してきます。なぜなら離婚家庭の子どもの進学や医療場面で、共同親権者の意見が対立して合意できないときは、子どもが希望する教育や医療、福祉が受けられなくなるかもしれないからです。医療関係者であれば、子どもが手術をする時に、双方の合意書を取らなければ子どもに手術ができなくなったり、合意がないままに手術をすれば訴訟を起こされる可能性も生じます。また、双方に親権があるということは、一方が合意し、一方があとで取り消す権利もあるということであり、例えば進学などで一方が合意し、一方がキャンセルすることも可能です。教育や医療、福祉の関係者はその狭間で調整することになるかもしれないのです。改正法案では監護者が日常の監護について決めることができるとしています。監護者を指定せずに監護の分掌、例えば教育のことは母、医療のことは父、などと決めることもできるようですが、それを決めるのも合意がなければ紛争となります。結局のところ、双方の合意がなければ子どもの進学や医療など生活全般に影響し、子どもの希望がふさがれることになるのです。

このようなことが子どもを第一に考える社会で行われて良いのでしょうか。

共同親権になると、実際に進学や医療面などでどのような問題が生じてくるのか（第一章金澄論文）、合意のないケースで家庭裁判所が共同親権を決定する問題（第二章第一節木村論文）、共同親権が導入されたあとの法的紛争の問題（第六章岡村論文）、共同親権になれば児童手当の支給などひとり親世帯への影響はどうなるのか（第四章大石論文）などの論考をお読みいただき、共同親権が子どもや同居親にどのような影響を及ぼすのか、ぜひ社会全体で考えてほしいと思っています。

また、共同親権運動の本質である父権運動のこと（第二章第二節太田論文）、DV加害者の心理や思考（第五章中川論文）もお読みいただき、共同親権運動の背景についてもぜひ知ってほしいと思います。

そして、第三章の手記を読み、共同親権に不安を持つ当事者の声を聞いてください。皆さんにも、この子どもたちや同居親の不安に寄り添い、支えになっていただきたいです。

民法改正は、高校生や大学生、これから結婚や出産を考える若者にも関係することです。本書を読み、自分たちの将来にも関わる大切な問題を考える議論の輪に加わってほしいと思います。

本書の著者らは、子どもたちが、自由に安心に学び、育ち、生きるように願っています。しかし、共同親権はその逆で子どもたちを縛る鎖となりえます。誰にとっても大切な問題であるにもかかわらず、また、反対意見にも耳を貸さず、異例のスピードで民法改正が押し通されようとしています。ぜひ本書から子どもたちや子どもを養育する同居親の不安の声を聞いていただき、共同親権の問題点を理解してくださると嬉しく思います。

子どもたちの自由で安心に生きる・育つ未来をみんなで創るために。

Contents

第一章　共同親権が導入されたら、同居親と子どもの生活はどう変わるか？

——弁護士の見地から

金澄　道子

共同親権が導入されると子どもや同居親の生活はどう変わるのか、家事事件を多く扱う弁護士の立場からお話をいたします。

Ⅰ　法制審の議論の概要

法制審議会家族法制部会では、離婚後の子の親権や監護に関すること、養子縁組の要件や養育費の確保、さらには財産分与の在り方など、離婚後の生活全般に大きく影響することが議論されてきました。２０２４年１月に、最終的な要綱案がとりまとめられ、２０２４年４月現在国会で審議が続いています。これらの中で特に問題になるのは、離婚後の子どもの親権・養育をどうするのかというところです。

親権者に関する規律は、現在、離婚後は父もしくは母のどちらかが親権者になる単独親権制ですが、それを父母が一緒に親権を行使する共同親権制を選択できるように提案されています。さらに、親権とは別に、監護者という現実に子どものお世話をする人を1人に決めるべきか、決めなくて良いのかという、子どもの日常に関わることについても議論がされ、要綱案では1人に決めなくて良いという提案になっています。

また、協議離婚の際に現在は未成年者の親権者を決めなければ離婚ができないことになっていますが、新たに親権者の指定を裁判所に申し立てていれば、親権者を決めないまま離婚を認めようとする提案もなされています。面会交流については、裁判所での話し合いの中で試行的面会交流といういわばお試しの面会交流を実施する制度の提案や、祖父母を念頭に子の父母以外の者の面会交流も限定的ではありますが認めようとする提案があります。

養育費については、離婚の際に決めなくても政省令で最低限の養育費を決め、それを払ってもらえる法定養育費制度の創設などが提案されています。

このような家族法の見直しが必要とされた理由は、少子化によって子どもへの関心が増加したり、性別役割分担が薄れて父親の子育て参加も増えていること、一方で離婚後の面会交流が低調で不満を持つ父親が増えたこと、父親の権利を主張する団体の圧力が強かったりなど、様々な背景があります。そのような中で離婚後も父および母の両方が子どもに法的に関われるという制度を作ろうという動きが出てきたわけです。

現在、面会交流は、月に1回実施というケースが多いのですが、面会交流を希望する主として父の側からすれば「月1回2時間では海外に比べたら全然少ない」と言う人もいます。一方、主として面会交流を求められる側である母の立場からすると、連絡をするたびに生活を探られたり、日程調整でもめるなどしてストレスがあったり、面会交流の前後で子どもの心身が不安定になったり、子どもが面会交流を拒否するということもあり、面会に消極的になりがちです。このように面会交流は、父と母の立場が相容れず、家庭裁判所でも苦労することが多いのです。一方、面会交流と2本柱になる養育費については、統計によると、継続して支払われているのが約4分の1程度で、受け取れていない人が7割以上いるという状況です。

これらの現実を背景に、改正の議論がなされているわけです。

2 離婚後の親権制度について――共同親権になったら

さて、今回の法制審議会の議論の中で一番重要で考えていかなければいけないのが、子の離婚後の親権・養育の在り方、特に単独親権か共同親権かというところです。

平成23（2011）年の民法改正の時に、離婚をする際には面会およびその他の交流、子どもの監護に関する費用の分担について定めなければいけないと明示されました。とはいえ、定めなくても離婚はできます。離婚届のところにチェック欄がありますが、そこにチェックしなくても、父母のどちらかを親権者に決めれば離婚できていました。しかし、今度は親権者を1人にするのか、父母双方にするのかも選択する改正が議論されているのです。

先ほどもお話ししましたが、面会交流が低調で養育費も継続的に支払われていない理由として、単独親権制が原因ではないかとの指摘がありました。そのため、離婚後も共同親権を選択できるようにし、父母双方が子どもの養育に責任を持つようにすべきというわけです。一方で、離婚後も、子どもについて積極的に関わっていきたいという親も増えてきており、そのために父母双方が親権を持つ共同親権を選択したいと考える人も出てきたのです。

諸外国を見ると、単独親権制というのは、多くはありません。国際的には父母が共同で親権を担っているところが多いです。ただ、諸外国では「親権」と言うよりも、「親責任」とか「共同養育」として、子どもの福祉の実現という観点で子どもの健全な成育が「共同」されるという意味になってきており、親の同意権といった権力的な側面は薄れてきています。

とはいえ、後述しますが、諸外国で子どもの養育を本当に半々でやっているのかというと、実際はそうでない国が多く、やはり子どもは母の下で暮らしていて、父とは面会交流をしていることが多いです。「週に3泊とかの宿泊付き面会交流をしている」とか「共同で養育しているのが普通だ」と言う人たちもいますけれども、現実にはそんなことはめったにないです。そこは注意していただければと思っています。

共同親権か単独親権か

それでは、法制審の要綱案にある離婚後の親権者の規律、すなわち共同親権、共同監護についてお話しします。

父母双方を親権者とする制度を採用するべきなのかということが一番の問題です。

前述したように、離婚後の単独親権制を採用する国は少数です。ですから①単独親権と共同親権を選択できるようにするのか、②共同親権を原則にするのか、③単独親権が原則だが、例外として共同親権を認めるのか、まずこの３つが最初に問われています。

さあ、どれがいいのかということですが、共同親権が原則と言う人もいますが、いろいろ考え方が分かれているところで、当事者が選択できるのであれば良いのではという意見の人が多いのではないかと思います。

ただしここで注意しなければならないのは、選択できると言っても、本当に真摯な選択、つまりきちんと理解して自由な意思で選択をしているか、ということです。例えば、離婚の話し合いをする時に、ＤＶなどの事情があると、相手から「共同親権にするんだったら離婚してやる」と言われた場合、子どもを連れて相手から早く逃げたくてたまらない母であれば、将来のことは考えられず、「共同親権にして離婚できるんだったら、もうそれでいいや」と思う人もいるかもしれません。このように選択制の共同親権とした時には、本当に対等に双方が話し合いをして納得して選択したのかという問題は残ると思っています。

ですので、選択的共同親権を採用する場合には、対等に話し合って共同親権を選択したのか、共同親権を選択してやっていくことが子どものためになるのか、そういうことをきちんとチェックできるような仕組みが必要になるだろうと思っています。法制審の審議の途中では、法律家等の第三者や裁判所が父母の意思や今後協議できる関係なのかなどをチェックする仕組みが検討されました。しかし、要綱案にはそのようなチェックの仕組みについての記載はなくなっています。ぜひ、再度その必要性について検討をして、復活させてほしいものです。

次の問題は、当事者が離婚後共同親権を選択する合意をしていないのにもかかわらず、家庭裁判所が審判や判決で父母に対し共同親権を命じることができる、という提案をしていることです。

現行制度でも、父母が親権を争っているときには、裁判所が審判離婚・判決離婚において親権者を父母の一方に決めることはありますが、今回の要綱案では、当事者の一方が「共同で決めるのは無理だから共同親権にしたくない」と言っているような場合でも、裁判所が審判や判決で共同親権にしなさいと強制できる制度が提案されています。

この要綱案でも、「父または母が子の心身に害悪を及ぼすおそれがあると認められるとき」や「父母の一方が他の一方から身体に対する暴力その他の心身に有害な影響を及ぼす言動を受けるおそれの有無、協議の整わない理由その他の事情を考慮して、父母が共同して親権を行うことが困難であると認められるとき」には、父母の一方を親権者に定めなければならないという共同親権の選択を制限する規定はあります。しかし、「害悪を及ぼすおそれ」や「暴力その他の有害な影響を及ぼす言動を受けるおそれ」といった事実を立証するのは大変です。DV等はそもそも密室でなされることが多く、また被害者は逃げるのが精一杯で証拠を残せないことが多いからです。そのため、DV等の立証ができなかった場合には、「DVが理由で、居場所を伏して逃げています」という事例でも、共同親権を命じられてしまうおそれがあるのです。

そして、裁判所で事件として扱うということは、そもそも当事者間で離婚について話し合いができないから来ているわけです。このような事例では、父母間の争い（葛藤）が激しく、お互いに信頼関係がないため、「あの人と離婚後にそんな話し合いをするのは無理」と思っているのに、裁判所が「いや、あなたたち、共同親権にして、子どものことは相談しながら決めなさい」ということを強制するわけです。このような父母への話し合いの強制が、本当に子どものためになる合意を導くことができるのでしょうか。

子どもの意思はどうあつかわれるのでしょうか。

子どもが「母（父）と一緒に住むんだから、今後のことは母（父）と自分が相談して決めたいよ」と思っているような場合や、「父（母）は、もうずっと私のことに無関心だったから、父（母）に決めてほしくないよ」と思っている場合はどうなるのでしょうか。さらに、例えば進学先を決定する際、子どもが「B校ではなくA校に進学したい」と希望している場合、その意思は尊重されるのでしょうか。法制審の中では、子どもの意思を聞くこと自体について「子どもに選択させることになる」と言って、反対を述べていた委員もいました。しかし、当事者である子どもの意思は重要です。子の将来に重要な影響がある事項については、「その決定にあたっては子の意思を尊重する」と明記すべきです。ただし、子どもの意思をそのまま受け容れるのではなく、年齢に応じた子どもの意思を参考に、大人が責任を持って決めれば良いのです。

次に、監護者を決めなくても良いとされていますが、決めないとどうなるのか。

今は基本的に親権者が同時に監護者となっています。監護というのは日々子どもと一緒に生活を共にして子どものことを決めたりお世話をしたりすることです。共同親権を選択した場合、何かを決めるときには共同で行うとしても、日々の生活を担う監護者をどうするかという問題が次に出てくるのです。

法制審の要綱案では、「一方を子の監護をすべき者とする旨の定めを必須とする旨の規律は設けない」と記載されています。しかし、日々の子のお世話をする監護者を決めなければ、日々子どもの生活全てについて父と母が話し合って決めていくことになり、合意ができなかった時には「今晩はうちに来なさい」「いや今晩は私のところに」となってしまい、子どもは「どっちに行けばいいの、今週の週末はどっちで過ごしたらいいの」と困ってしまうわけです。

ですので、監護者を決めないことが本当に子どものためになるのか、もう一度よく考える必要があります。

重要な事項の決定はどうなるのか――共同親権・共同監護の一番の問題点

法制審の議論が進む中で共同親権の内容がいろいろ変わっていきました。最終的に出された要綱案の内容を説明し、その問題点を指摘したいと思います。

法制審の途中で発表された中間試案では、財産の管理権を中心とした親権という概念に加えて、子どものための「重要事項」というカテゴリーを作りました。共同親権の場合にはこの「重要事項」については、監護者として子どもの世話をしている親権者だけでは決められず、他方の親権者との合意が必要であるとしていました。

その後、議論の内容がいろいろ変わり、離婚後に共同親権としても、「監護及び教育に関する日常の行為」は一方の親が単独や親権を行使することができ、それ以外のことは父母が共同して行うという内容に変わりました。従前の法制審の資料に記載されていた「他方親権者の合意が必要とされた『重要事項』」というカテゴリーと、要綱案に記載されている各親権者が単独でできる「監護及び教育に関する日常行為」とがどのような関係になっているのか明確になっていませんが、要綱案によれば、少なくとも「日常行為」以外の行為の典型である「重要事項」は他方親権者の合意が必要になるわけです。

そこで、日常行為以外の行為の典型である「重要事項」について、他方親権者の合意が必要になった場合の問題点について、述べていきたいと思います。「重要事項」としては「教育」「医療」「宗教」が挙げられ、さらに「居所指定」も合意が必要な事項とされていました。

「教育」というのは、進学先の決定や進路選択で、各種学校の選択・転校・退学などです。

例えば、高校進学の時のことを考えてみましょう。中学2年で、塾に通う時、公立受験コース・私立受験コースと分かれる場合、コースを決めれば、受講する科目も違ってくるので、多くの場合それが進路の決定になります。その時に他方親と相談し、共同で決めなくてはいけないのでしょうか。それとも、中学3年で具体的に高校に願書を出す時に、A校とB校を受けるということを他方親と相談することになるのでしょうか。複数の学校に合格した場合、どちらかの学校に入学金を払う時に、「ここに入学金を払うけれどいいですか」と相談しなければいけないのでしょうか。相談のメールを送っても期限までに返信が無かったとしたら、どうなるのでしょうか。意見が食い違ったので相談をしていたら、期限に間に合わないかもしれません。結局、いつの時点で、他方親と相談をし、合意を得なければいけないのか、明確にはなっていません。

また、子と生活をしている同居親は、他方親に対して子の進学先について同意を得るために、子どもの成績とか、模試の結果とか、日々このぐらい頑張って勉強しているとか、そういう情報を日頃から相手に提供しないといけないのか。「勉強時間が足りない。もっと頑張ればこの学校へ行けるのではないのか」などと言われて、子どもの希望している進学先に同意してもらえないかもしれません。同居親は、どこまで情報を提供して、どこまで他方親を説得しなければいけないのか。そういう問題も出てきます。

さらに、なんとかA校に行くということで同意をしてもらったけれども、その後学費が高いのでB校に行ってほしいと言われてA校への同意が撤回されたりしたら、A校には進学できないのか。A校に行かせたい同居親は「学費は私が負担するから、同意して」とお願いすることになりかねません。

その他にも、他方親の同意後に、成績の変動や子どもの希望で志望校を変更することはできるのか。子どもが、自分の性格とか雰囲気からするとA校よりはB校のほうが合うのにと思っていたら、その子どもの気持ちは、父母の合意に反映させることができるのか。共同決定しなければいけないとすると、教育の問題についてはこんな問題が次々と起こってきます。

また、進学先の高校への入学契約の締結というのは日常行為以外の決定として、父母双方の合意が必要ですから、高校から父母の合意書を提出するように求められる可能性もあるのです。

「宗教」も日常行為ではなく、重要事項としてあげられていました。キリスト教の学校に行くとか、洗礼を受けることなどは宗教の選択です。しかし、日々の宗教儀礼に則っての礼拝が日常行為に入るのかどうかについては、はっきりしません。

次に「医療」です。ワクチン接種や、歯科矯正をどうするかが典型です。また、輸血、生命に関わるような手術なども、もちろん医療です。

例えば、病気の時を考えましょう。治療法で父母の意見が対立してしまった時は、治療はできないのでしょうか。緊急であれば、後述する例外になるでしょうが、何が緊急なのかで争いになることも起こりえます。さらに、例えば同居親はA治療法を選択したいけれども、治療費がかかるという理由で他方親に治療を拒否されたら、それに従わなければいけないのでしょうか。協議をするということは、合意があって初めてそれが選択できるということなので、合意ができないという場合は治療ができないということになってしまいます。容態が変わって新しい治療が必要になったら、また協議しなければいけないのでしょうか。そして、適切な治療を選択するためには、事前に子どもの医療情報を全て他方親に提供しておく必要があるのか、という問題もあります。

他にも、未成年の子どもが意図しない妊娠をした時を考えてみましょう。例えば、中絶について父母の意見が分かれた時、子どもは中絶できないのでしょうか。子どもの意思はどうなるのでしょうか。中絶するには、期間の制限があるわけですけれども、その間に共同決定できなかったら、子どもは赤ちゃんを産むしかない、という問題も出てくるわけです。

最後に、子の「居所指定」の問題です。これは、どこに住むのか、引っ越し先の決定、進学した時の一人暮らしなどです。以上についても、「重要なことだから、共同で一緒に決めないと駄目だよ。同意がないと引っ越しはできないよ」となる可能性が出てきているわけです。

例えば、子どもと同居して世話をしている監護親に転勤の内示が出た場合、他方親が同意しないと子どもを連れて転勤できないのでしょうか。転勤できずにクビになったら、他方親が養育費のみならず生活費を払ってくれるのでしょうか。

他にも、監護親の体調が悪いため子どもを連れて実家に戻りたいとか、実家の親が高齢で介護が必要になったといった場合、他方親が同意しないと監護親は子どもを連れて実家に帰ることもできないのか。そうすると、監護親の体調が理由の場合、具合が悪くなった時には誰も助けてくれる人がいなくなってしまいます。そのようなことが本当に子どものためなのでしょうか。共同で決めるということは、共同で決められる関係があったり、基本的に共同の価値観があったりすれば、良いことだし、理想的だとは思います。しかし、大事なことであっても、全てが円満に話し合って決定できるわけではないし、子どもが成人するまでの間、共同で決定できない場合も出てくるわけです。共同で決めなければならないということは、相手に同意しない権利すなわち「拒否権」を与えることにもなるのです。

共同決定の例外

要綱案によれば、共同親権の時でも一方の親だけで親権を行うことができるのは、①他の一方が親権を行うことができないとき、②子の利益のため急迫の事情があるとき、の2つの場合です。

このうち、①については、他の一方が病気等で親権を行使できないときが考えられますが、例えば外国などの遠方にいて連絡がつかないときなども含まれるのかははっきりしません。遠方にいても、現代はSNSで連絡ができ、話し合いをしようと思えばできるからです。ですので、これに当てはまるかどうかは、ケースバイケースということになるでしょう。

②については、さらに曖昧です。急迫の事情とは、差し迫った状況と普通は考えられます。進学の場合、補欠合格の電話連絡があり、「この場で入学するかどうか返事をしてほしい」と言われたような場合は、まさに「急迫な事情」と言えるでしょう。そうではなく、A校とB校と迷っていて、入学金を納めるまでに1週間の猶予があるような場合には、どうなるのか、よくわかりません。

また、例えばDVの被害に遭って子どもを連れて逃げるときは、どうなるのでしょうか。子どもを連れて逃げることは、他方親の子に対する居所指定権の行使を妨げる可能性があるため、問題になりかねないのです。この場合、暴力を振るわれた直後であれば、子の心情や身の安全にも重大な影響があるため、子の利益のために急迫の事情があると言えるのですが、度重なるDVに耐えかねて、数カ月かけて別居の準備をして、ようやく子どもと共に某所に避難したというような場合には、「急迫の事情」があると言えるのか。これもはっきりしません。法制審の議論では、「父母の協議や家裁の手続きを経ていては適時の親権行使をすることができず、子の利益が害される事情があるとき」との説明がありました。つまり、「急迫」という時間的な要素だけで判断されるのではないとのことでした。そうであれば、誰にでもわかりやすくするために、「急迫」の用語は変更すべきです。

このように、単独行使ができる例外として①、②が規定されていますが、いずれも現実の夫婦の紛争を扱っている立場からすると、規定の仕方が狭すぎますし、はっきりしないことが多く、このような法律改正になってしまったらどうなることか不安が大きいのです。

親権と監護権の関係

なお、最終的な要綱案では、「子の監護をすべき者は、親権を行う者と同一の権利義務を有する。この場合において、子の監護をすべき者は、単独で、子の監護及び教育、居所の指定及び変更並びに営業の許可、その許可の取消及びその制限をすることができる」と書かれています。つまり、共同親権の場合はもちろんですが、単独親権を選択して親権者にならない親でも、子の監護者となれば、子の日常の世話、教育、居所指定等については、親権者と同じ権利義務を持つことになります。しかし、この書き方ですと、これまであまり認められてこなかった「親権・監護権の分属（親権者と監護者を父と母とで分けること）」を正面から認めることになりかねません。また、「親権を行う者（子の監護をすべき者を除く）は、子の監護をすべき者が子の監護及び教育、居所の指定等の行為をすることを妨げてはならない」とも記載されていることから、日常の監護や教育・居所指定は監護者の行為が優先されることになるものの、監護者ではない親権者も、監護者の行為を妨げない範囲では日常の監護・教育・居所指定等が自由にできるわけです。

結局、この要綱案を見ると、これまでどおり単独で親権者になった親がそのまま監護者にもならない限り、監護・教育・居所指定等に他方親が何らかの形で関わってくることになります。共同親権を選択した場合には、たとえ一方が子の日常の世話をする監護者になったとしても、どの場面のどのような行為が監護者だけでできるのか、できたとしても他方親権者がどこまで関与してくるのかが非常に複雑になります。さらに、単独親権を選択したとしても、親権と監護権を分けることになれば、監護者の行為を妨げなければ親権者も自由に日常監護等を決められるわけですから、複雑になることは既に述べたとおりです。

共同決定できないときはどうなるのか

父母が話し合って共同で決定できればいいのですが、決まらない場合はどうするのか。決まらない時に誰が決めてくれるのかというと、日本の制度では家庭裁判所しかないわけです。まずは裁判所での話し合いである「調停」をすることになるでしょう。しかし、調停はあくまでも話し合いですから、合意ができないときには裁判所が決める「審判」となります。では、家庭裁判所で迅速に決められるのか、決められるとして何を判断基準にするのかという問題が出てくるわけです。

家庭裁判所の調停は、申し立てをしてから実際に裁判所に行く期日が決まるまでに1カ月ぐらいかかります。そして、裁判所で相手と話し合いをして、次の話し合いをする期日はまた早くて1カ月後です。そのようなペースではたして子どもの進学先でもめたとき、進学先を決めることができるのでしょうか。入学金の支払期限が1週間後とか10日後であることもよくあります。そのような場合でも、現在の家庭裁判所には迅速に判断できる仕組みがありません。治療方法の選択や子どもの中絶を巡る父母の話し合いの場合も、必要な期間に間に合わないおそれがあります。さらに、今の裁判所には、裁判官や調査官が不足しており、大都市では話し合いをする調停室も足りません。法改正をするより前に、まずは裁判所の人的・物的基盤を充実させることが必要です。

そして、仮に裁判所に迅速に判断できる仕組みがあったとしても、裁判所はどのような基準で判断をするのでしょうか。A校とB校という進学先で父母の合意ができないとき、あるいは治療法で合意ができないときの判断基準です。これについて要綱案は「当該事項にかかる親権の行使を父母の一方が単独ですることができる旨を定めることができる」と書いています。つまり、裁判所はA校・B校のどちらかを決めるのではなく、進学先を決めるのが父母のどちらであるかを決めるのです。でも、父母のどちらにするかを決める基準については、何も書かれていません。さらに、「当該事項にかかる親権の行使」とされているので、裁判所が関わる判断の単位は「当該事項」に限られます。そのため、進学先の決定の紛争であれば、例えば父を親権行使者として決めると裁判所が決定しても、入学後の科目や履修コースの選択などは、裁判所が判断した「当該事項」には該当せず、「監護及び教育に関する日常の行為」として、父母それぞれが単独で親権を行使できることになると思われます。一方、入学した後では、例えば修学旅行への参加、特に海外への修学旅行への参加については、パスポートの発行も必要になるので、父母の同意が必要になります。これで意見が食い違うと、またまた裁判所のお世話になることになります。

結局、共同親権を選択することになると、様々な問題が生じることがおわかりいただけたと思います。子の成長の期間を通じて、離婚した父母が重要な事項で合意できれば理想ですが、そもそも一緒の家庭生活が営めないので離婚した2人です。離婚後は、生活環境も経済状況も大きく変わることが想定されます。そのような2人が、「子」の生活を巡って連絡を取り合い、話し合いをし、合意をすることができるのか。それらができる2人であれば、現在の単独親権制のもとで、一方に「親権」という法律上の権利がなくても、話し合って決めているはずです。

前述のように、法律で他方親にも「親権」という権利を与えるということは、話し合いにおいて「拒否権」を与えることになるのです。その持つ意味を認識し、理想論ではなく、現実の大多数の「離婚した夫婦」の実態に合わせて法律を作ることを考えていただきたいのです。

3　親以外の親族と子の面会交流の定めは必要か

要綱案では、親権の問題以外に、父母以外の親族と子との交流についても記載されています。父母以外の親族とは、子の直系尊属である祖父母を主として想定していると思われますので、祖父母との面会交流について、裁判所が定めることができるという案です。

離別して子どもと共に暮らす監護親からすると、他方親からの面会交流でさえも、日程を決める連絡をすることがつらかったり、面会の前後に子が不安定になったり、子が面会を拒んでいたりするなど、様々な事情で面会が負担になっていることがあります。さらに、他方親から受けたＤＶやハラスメントのために、面会自体が認められなかったり、間接交流になったりする事案もあります。

そんな実情の中、新たに「父母以外の子の親族」と子どもとの面会を裁判所が命じることができるようにするというのです。

もともと、子と父母以外の親族の関係が良好であれば、父母の離婚後も子とその親族とは父母を通じて交流を続けているでしょう。そうではないのに、父母以外の第三者が、監護親の意向に反して「自分と面会交流をするように」と裁判所に申し立ててまでするとは、どのような場合なのでしょうか。いわゆる嫁・姑問題により監護親とその第三者である祖父母との折り合いが悪かったり、子に対して「跡継ぎ」として監護親の意向に反して関わろうとしたり、他方親のDV等のハラスメントに加担したりしたなど、離婚原因の一因となっている事情も考えられます。さらに言えば、父母以外の親族には子に対する扶養義務もないのです。それにもかかわらず、監護親が自分と子との面会に応じないとして、家庭裁判所に調停や審判まで申し立てをする権利を認め、一定の限定はありますが面会を実施するように命じる審判を出してもらえるほどの「面会交流を求める権利」を与える必要があるでしょうか。

要綱案は面会を認める要件として「子の利益のために特に必要があると認めるとき」と限定をしていますが、子の利益のために祖父母に会わせなければならないとする具体的事情とはどのような場合なのか、よくわからないのです。

さらに、子の祖父母がばらばらに申し立てをしたら、子の監護親は2つの申し立てに対応しなければならなくなり、応訴の負担も増えます。新たなリーガルハラスメントの機会を与えることにもなりかねないのです。

4　共同親権になっても、養育費の確保が容易になるわけではない

法定養育費制度

法制審では、養育費についても新しい制度を提案しています。1つは、法定養育費の制度です。これは、協議離婚の際に父母が養育費について定めなかった場合であっても、子どもの監

護を主として担う者が、他方に対して、養育費として政省令で定める額の支払いを請求できるとする制度です。最低限の金額は請求できるようにするものですが、おそらく政省令で定められる金額はいわゆる算定表の最低額を下回ることになりそうですので、子どもの生活費としてどこまで効果的かは疑問です。

さらに、相手に支払い能力がなくて払えなかったり、支払うと生活が著しく困窮することを証明した場合には、支払わなくて良いこととされています。

共同監護で養育費が減らされる可能性がある

共同親権を選択するような父母は、子の養育に責任を持って関わる姿勢があるのだから、養育費をきちんと払うだろうと思うかも知れません。しかし、養育費は逆に減らされるおそれがあります。

共同監護ではないとしても、年間を通して1カ月を超える日数の面会（泊付きも含む）をしていた事例では、相手方から「養育費を日数分若しくは10%減額するべき」と言われたケースがあります。面会をしている期間は、相手方が子の生活の面倒を見ているので、その分養育費を減らすというのです。このようなことがあると、養育費を払いたくないから面会を増やすということになりかねません。また、子の生活は、日数分の食費だけではなく、様々な生活の基盤によって成り立っているのですから、単純に日数で分けられるものではありません。さらに、養育費が減らされると、子が父母それぞれと生活している間、父母の経済状況の格差がそのまま反映されることになってしまい、相当とは思えません。

国の立て替え制度で養育費の確保を

そもそも、養育費を取り決めても支払いの確保ができないケースの原因には、相手の勤務先がわからなかったり、自営業者だったりすることがあります。共同親権・共同監護になっても、その問題は解決しません。国による立て替え払い制度や、税金や保育料と同じように国や地方公共団体による直接の取り立て制度が必要です。

5　共同親権だと、再婚家庭を築くのが難しくなる

現在、婚姻の4分の1が再婚です。

離婚後、子どもを連れて再婚をするとき、多くの場合、再婚相手と子どもが養子縁組をします。しかし、共同親権だと、養子縁組することについて、元の配偶者の同意が必要になります。元の配偶者が、再婚相手についていろいろ詮索をしたり、文句を言うことも考えられます。そして、養子縁組に同意してもらえないと、新しい家族の中で、連れ子だけは、何か重要なことを決めるについても、元の配偶者の同意が必要になります。つまり、新しい家庭では連れ子の

進学先も決められないし、家族揃って引っ越しをすることもできないのです。

元の配偶者が養子縁組に同意してくれなければ、裁判所に縁組を認めて欲しいと申し立てをしなければなりません。裁判所が判断する基準について、要綱案には「子の利益のために特に必要があると認められるときに限り、養子縁組を認める」とあります。はたして、どのようなときを想定しているのでしょうか。新しい家族の一員として暮らしたいというだけではダメなのでしょうか。

6 近時の外国の家族法改正を参考にすべき

オーストラリアでは2023年に家族法の改正がありました。親責任の配分を決めるには、「第一に、子どもと子どもをケアする親の安全を確保することが重要な前提になる」とする改正です。

従前のオーストラリアの法制は、共同決定・共同養育が原則で、例外としてのDVと虐待は狭く解釈されていました。また、父母間の「高葛藤」（トラブルがたくさん起きて、話し合いができない状態）も、共同決定・共同養育の例外にはされていませんでした。そのため、本当はDV・虐待事案でも、「高葛藤」に過ぎないとか、「このくらいでは保護の必要はない」ということで、裁判でもADR（裁判外での紛争解決手続き）でもどんどん共同が決められていきました。

しかし、もともと裁判所には、話し合いができないか、話し合っても揉めて対立し、自分たちでは解決できないから来るわけです。そのため、従前の共同原則をそのままあてはめるのではなく「子どもと同居親の安全確保」を法制度の中心に置くように改正されたのです。さらに、「高葛藤」つまり父母間の対立が激しいことも、DVと同じように、子と同居親への危害の一類型とする改正がなされましたし、子どものニード・子どもの声を「子の最善の利益」の考慮要素として明記しました。

さらに、これまで共同決定・共同監護を原則としていたときには、元の配偶者から子を監護している他方親に対して、子どもを巡る訴訟が何度も繰り返し起こされるといったリーガルハラスメント（司法制度を利用したいやがらせ）が起こりました。その結果、子を監護している親は疲弊し、裁判所の負担も増えたことから、裁判所は、有害な手続きを阻止する命令を出して、リーガルハラスメントを防止できることになりました。

日本でも、離婚した元配偶者が、子どもの親権者となった他方親に対して、既に面会の内容を決めた審判が出たにもかかわらず、1カ月もしないうちにさらに面会交流の調停を申し立てたり、子どもとの面会交流を妨害したとして損害賠償の訴訟を起こしたり、代理人であった弁護士に対しても慰謝料請求訴訟をしたりするなど、他方親やその代理人に対していつまでも裁判手続きを続ける人がいます。共同親権・共同監護を導入すると、子どもを巡る紛争が何度も起こる可能性があることから、このような紛争を阻止する制度を作ったオーストラリアの法改正を参考にする必要があります。

アメリカでは、2018年に連邦議会の上下両院で「子どもの安全が司法判断の最優先事項であり安全上のリスクやDVの主張を基本的な考慮事項とする」という内容の決議がなされています（https://www.congress.gov/bill/115th-congress/house-concurrent-resolution/72/text）。これは2008年以降、アメリカでは少なくとも653人の子どもが離婚・監護権・面会交流などの手続きに関与した親によって殺害されており、その多くが監護親の反対を押し切って家庭裁判所が面会交流を認めた後に殺されたという経験に基づくものと言えます。

諸外国で、どのような問題が起こって、どのように法律を変えていったのか、きちんと参考にする必要があるのです。DV・虐待を例外的なものと過小評価していたのでは、子どもと同居の親が危険にさらされ、訴訟が多発することが想定されるのです。

7　税金や社会保障制度との関係もきちんと議論する必要がある

法制審の要綱案では、監護者を決めないこともできることになっています。つまり、子どもの日常の世話をする人を決めなくて良いのです。とすると、例えば、現在の所得税における扶養控除は、父母のどちらが利用するのでしょうか。「現実にどちらが子どもと過ごす時間が多かったのか」で決めるとしたら、誰がそれを判断するのでしょうか。児童手当や児童扶養手当は、誰が受給できるのでしょうか。保育園における保育料の基準になる親の収入は、父母どちらの収入を基準にするのでしょうか。

このような、現実の生活で起こる問題を法制審で質問しても、「ここは、民法を決める場だから」という理由で議論ができないままです。

しかし、民法という基本法を変えるときには、それによって起こる影響を踏まえなければなりません。現実の生活に沿って、幅広い視点で考えていただきたいのです。

以上、現在の要綱案の問題や疑問について、述べました。法改正にあたっては、現実に離婚した夫婦の実情、特に裁判所を利用して離婚した夫婦の実情を調査・分析し、子どもの最善の利益と共に、離婚した父母と子が安全・安心して生活ができる制度を作らなければなりません。民法の離婚法は、これから結婚する人も既に結婚・離婚した人も含め多くの国民に影響する法律ですから、じっくり時間をかけて議論をする必要があります。

本稿が、法改正を検討するときのお役に立つとうれしいです。

第二章　共同親権になると、子ども、同居親の生活はどう変わるか

第一節　離婚後の「非合意・強制型共同親権」導入論の背景と問題
――父母の平等は子の利益に優先するか？

木村 草太

はじめに　離婚後共同親権とは何か？

現在の民法では、婚姻中の父母は共同で親権を行使するが、離婚・非婚の場合は父母いずれ

かが単独で親権を行使する。法務省の法制審議会家族法部会では、これを改め、離婚後の共同親権を導入すべきか否かが検討されている[(1)]。

では、離婚後共同親権とは何か。親権には、①子と同居し、日常の世話（おむつ替え・食事の準備・洗濯・宿題を見る等）をする「身上監護権」と、②教育（学校や習い事の選択）、医療（手術やワクチンを受けるか等）、財産管理（預金口座を開き、子ども名義の預金を管理する等）などの重要事項を決定する「狭義の親権」とが含まれる[(2)]。

現行法では、離婚後の①身上監護の方法は、親権の所在とは別に、「子の利益」を基準に、父母の協議ないし裁判所の判断で決定する（民法766条・771条）。例えば、「子は親権者の母と同居するが、毎月最終土曜日は父の家で過ごす」といった取り決めがなされたりする[(3)]。父母双方が親権者となったとしても、どちらが子と同居するのか、別居親とはどのように面会交流するのか、といったことは父母の協議や裁判所の判断で定める必要がある。つまり、身上監護の部分は、離婚後共同親権を導入してもルールが大きく変わるわけではない。

他方、離婚後も共同親権が継続すると、②狭義の親権の対象事項は、父母が合意しないと決定できなくなる。また、その前提として、父母双方が、親権者として関係機関に通知や説明を要求できるようになる。例えば、子が中学や高校に進学したり、手術やワクチンを受けたりする際には、同居親と別居親のサインやハンコを揃える必要がある。また、学校や病院は、子に関する通知や説明を双方にしなければならない。

離婚後も父母の関係が良好で、前向きな話し合いができ、かつ、別居親も子の人間関係・学力・将来の希望・健康状態などを理解して、進学や医療について適切に判断できる状態であれば、共同親権でもうまくいくだろう。しかし、父母の話し合いができなかったり、別居親と連絡が付きにくかったりする関係であれば、共同親権状態では、子の重要事項が適時・適切に決定できない。別居親のサインがもらえずに進学手続がとれなかったり、手術の実施までに時間がかかったりすれば、子の利益を害する。

とすれば、非婚父母の共同親権は、父母の関係が良好で、双方が積極的かつ真摯[(4)]に親権を共同で行使することに合意した場合に限るべきだろう。選択的夫婦別姓が実現していない日本の現状では、事実婚でも共同親権が選択できるようにしてほしいという別姓希望カップルの声もある[(5)]。

ところが、法制審議会家族法部会は、合意がなくても、一方の申立てに基づき、裁判所が親権の共同行使を命じる制度の導入を議論している。これは、子の利益を害する「非合意・強制型共同親権」というべきものと考える。なぜこうした制度が検討されるに至ったのか。

本稿では、その背景と問題点を指摘してみたい。離婚後共同親権は、主として子の利益の観点から問題となるが、女性の保護という観点からも重要な問題を含んでいることが分かるだろう。

1 「非合意・強制型共同親権」導入論の体系

「共同」親権の導入論と聞くと、選択的夫婦別姓や同性婚の導入論のように、それを望む二人（父母）が制度を整えてほしいと訴える議論と思われるかもしれない。しかし、離婚後共同親権は、「片方の親が望んでいないにもかかわらず、もう片方の親が」推進してきた制度である。それゆえ、「合意をした父母に共同親権を」という議論ではなく、「合意がなくても強制的に共同親権を」という議論になっている。

こうした離婚後の非合意・強制型の共同親権の導入論議は、主として次の6つの主張から成る。

【非合意・強制型共同親権導入論の主張】

①実子誘拐の横行：DVも虐待もないのに、ある日突然、一方の親が子どもを連れ去る「実子誘拐」が横行している。警察や裁判所は、誘拐罪なのに処罰していない。

②連れ去り勝ち：子を連れ去り誘拐した側は、子と一緒に生活し続けるため、監護権や親権を獲得しやすく、「連れ去り勝ち」となっている。

③親子断絶：子を連れ去って監護権・親権を獲得した側は、別居親が子と会うことを阻止できる。子を連れ去られると別居親は子と一生会うことができない「親子断絶」状態になる。

④片親疎外（症候群）：子を連れ去った側は、子に別居親への否定的評価を刷り込み、そのせ

いで、子は別居親に嫌悪感や忌避感を表明するようになる。この状態が「片親疎外」であり、これは「片親疎外症候群」という精神的な病である。
⑤養育費不払い：親子断絶や片親疎外になると、別居親は子育てへの意欲を失い養育費を支払わなくなる。日本の養育費の支払率が低いのは、親子断絶や片親疎外が原因である。
⑥共同親権主流論：諸外国の多くは離婚後の共同親権を導入しており、日本の法制は遅れている。

テレビや雑誌で、「突然、子を連れ去られ戸惑う親」「何も加害行為をしてないのに、子を連れ去られ、親権もとられ、会えなくなってしまった親」などの報道に触れたことがある人もいるだろう。その多くは、典型的な①実子誘拐や②連れ去り勝ちの主張に基づいた企画だ。

こうした①〜⑥の主張を前提に、問題解決策として提唱されるのが、非合意・強制型の共同親権だ。離婚後も共同親権が継続するようになれば、①実子誘拐をする理由がなくなるし、②連れ去りをしたとしても、親権争いで勝利できなくなる。共同親権になれば、離婚後も双方の親が子と深く関わるから、③親子断絶も④片親疎外も起きないし、⑤養育費の支払い意欲も極めて高くなる。⑥共同親権を導入すれば、諸外国に追いつくことになり、諸外国からは、「日本人配偶者に子を連れ去られる被害に対応していない」と批判されることも回避できる。

しかし、この主張には大きな問題があり、それを根拠とした非合意・強制型の共同親権が子の利益になるはずがない。項を改めて、こうした議論の問題を整理してみよう。**2**では①〜⑤

の問題点を指摘し、3で⑥諸外国の共同親権について説明しよう。

2　現行法の誤解・曲解と同居親への責任転嫁

非合意・強制型の共同親権導入論の根拠①～⑤は、いずれも現行法の誤解・曲解、あるいは同居親への責任転嫁の論理であり、不適切である。一つずつ見ていこう。

まず、①実子誘拐論について。そもそも、子連れ別居が本当に「実子誘拐」・「不当な連れ去り」なのかは、子連れ別居を選択した事情を精査しないと分からない。一律に①実子誘拐と批難するのは、基礎となる事実を欠く。

また、DV・虐待の加害者や、監護実績がほとんどなく子育てができない側が子を連れ去った場合には、監護者指定とそれに基づく子の引き渡しの申立てが可能だ。不当な誘拐に対処する法制度は、既に存在している。

さらに、婚姻中の父母の一方が子を連れて予告なく家を出るのは、多くの場合、家庭内の加害行為からの避難である[6]。もちろんそうでないケースはあるにせよ、多大な負担を覚悟してまで住み慣れた家を出て行くのだから、そこには相応の事情があるのが一般的だ。しかし、DV・虐待の加害者は、自分の加害性を自覚しておらず、むしろ、自分の行為は正当で、自分こそが被害を受けていると思っていることが多い。そうした加害者は、「自分は何もしてないのに突然、子を連れ去られた」との被害感情から、避難を決断せざるを得なかった相手方を「誘拐犯だ」と責め立てる。とすれば、「実子誘拐」が主張される事案では、子連れ別居が避難である可能性を意識しつつ、別居に至るまでに何があったかを丁寧に吟味する必要がある。

次に、②連れ去り勝ち論について。子どもが父母のどちらと生活するのが良いかについて、父母で話し合いが成立しない時には、裁判所がそれを判断する。裁判所は、離婚までの監護者・離婚後の親権者を指定する際に、監護の継続性・監護態勢・監護環境・監護能力・監護開始の違法性・子の意思などを総合的に考慮して判断する。ここでは、同居中に子を監護してきた実績（主たる監護者がどちらだったか）も重視される(7)。

暴力の加害者を監護者・親権者にするのは子の利益に反すること、子を連れて家を出るのは監護を主に担ってきた側が多いことから、子連れ別居をした側が監護者・親権者に指定されることが多い。これは、「連れ去り側を勝たせる」ルールだからそうなのではなく、単に「子の利益になる側を監護者・親権者にする」ルールの帰結にすぎない。もちろん、加害者が子を連れ去る事例もあるが、そうした事例では、裁判所は子をもう一方の親に引き渡すよう命じるし、そのような審判例・裁判例はある(8)。

暴力を逃れるため子を連れて家を出る行為を②連れ去り勝ちだと主張するのは、加害者が自らの加害性から目をそらす主張に他ならない。

では、親権を持たない側は、③親子断絶してしまうのか。そんなことはない。冒頭でも触れたが、民法766条1項は、「父母が協議上の離婚をするときは、子の監護をすべき者、父又は母と子との面会及びその他の交流、子の監護に要する費用の分担その他の子の監護について必要な事項は、その協議で定める。この場合においては、子の利益を最も優先して考慮しなければならない。」と定める。父母子の関係が良好なら、親権を持たない別居親が頻繁に子と会う合意をしている場合も多い。仮に、合意ができなくても、別居親は民法766条2項に基づき、子との面会交流の申立てができる。裁判所は「子の利益」を基準に面会交流の頻度や内容などを決める。現在の法律で、親子が断絶するのは、そもそも面会交流の手続をとっていないか、裁判所に面会交流が「子の利益」に反すると判断されたかのいずれかだ。にもかかわらず、③親権者の独断で親子断絶が生じていると主張するのは、手続を怠ったり、裁判所に子の利益にならないと判断されたりした責任を、親権者に転嫁しているにすぎない。

これと関連して、④片親疎外（症候群）の概念[9]について。この概念は、現在ではジャンクサイエンスとみなす専門家[10]が多い。面会交流や親権の判断に用いられれば、加害行為を無視・軽視する危険を増大する[11]。子が別居親を拒否する場合には、暴力・暴言など相応の理由があることが多い。拒否の理由を、常に同居親の影響に求めるのも、科学的根拠を欠いた加害行為の責任転嫁だ。

最後に、⑤養育費の支払いは、親権の有無にかかわらず、父母の扶養義務（民法877条）の帰結だ。養育費の不払いは、親としての責任の放棄であり、それを「親権がないせい」「子と会えないせい」にするのも、責任の転嫁だ。また、養育費の支払いを確保するためなら、国や自治体による養育費の立替払いや、養育費支払義務者の所得開示請求などの手続を設けるのが筋だろう。

このように、①〜⑤は、いずれも不適切な根拠である。なぜ、これが広まったのか。ここで注意すべきは、子連れ別居や同居親・子からの拒絶が、別居親に強い衝撃を与えるという事実だ[12]。

子連れ別居にショックを受けた親の中には、それをきっかけに自らの行為を反省し、別居を選択した配偶者や子との信頼関係を修復しようと努力する者もいる。他方で、怒りに支配され、子連れ別居をした（元）配偶者や法制度への攻撃に向かう者もいる。そうした親にとっては、主張①〜⑤は心地よい。

一部の報道や「実子誘拐」・「片親疎外」などを扱う書籍、インターネット上のブログやSNSなどには、①〜⑤の主張が溢れている。それらに触れると、「悪いのは自分ではなく、法制度と連れ去り親だ」という認識を強めてしまう。同居親に攻撃的になればなるほど、同居親や子との断絶が深まるので、より一層、攻撃的・他責的になってしまう。

そうした人々は結び付き、同居親や現行法、共同親権導入に反対する人を攻撃し、非合意・強制型の共同親権導入を推進する。そこに、「たとえ離婚しても、父母は子のために協力すべき」という一見もっともらしい規範に基づいた、しかしながら、離婚の現実を無視した理想主義者の空論が合わさった成果が、法制審で審議中の案だ。

つまり、非合意・強制型の離婚後共同親権の推進論は、子の利益のための議論ではなく、「離婚後の親子関係がうまくいかないのは同居親の努力不足」と同居親に責任転嫁する議論だ。これでは、それでなくても精神的・経済的に追い詰められていることの多い同居親を、ますます追い詰めるだけであり、そのような案の導入は避けるべきだろう。

3　諸外国の離婚後共同親権の状況

そうは言っても、⑥諸外国では離婚後共同親権が当たり前になっているのではないか。また、選択的夫婦別姓や同性婚では、諸外国の法制度が参照され、日本でも早く導入すべきだと言われてきたのだし、離婚後共同親権もそうではないか。そう思う人もいるだろう。

しかし、別姓婚や同性婚は当事者が合意をして、それを求めている。これに対し、非合意・強制の共同親権は、一方または双方が望んでいないにもかかわらず、親権の共同行使を強制する。それが離婚家庭に何をもたらしているかは、慎重に検討する必要がある。

欧州諸国では、20世紀末から21世紀初頭にかけて、父母が非婚の場合に、父母双方が親権（に相当する権利や義務）を持つ制度に変わってきた。

そこには2つの背景事情がある。第1に、非婚家族の増大。婚姻と子育てが必ずしもリンクしなくなってきて、非婚でも仲良く協力して子育てする父母が増え、そのための法的形式を設ける必要が出てきた[13]。第2に、父権運動。離婚後単独親権の下では、母親が親権を持つことが多い。これに不満を覚える父親たちが、父母の平等を求め離婚後も共同親権の継続を求めるようになった[14]。こうした流れの中で、例えば、ドイツ法とフランス法では、離婚後も父母双方が親権を持ち続けるのが原則となり、特別の手続をとらないと単独親権に移行しない内容となっている[15]。

確かに、離婚後の父母の関係が良好なら、共同親権でも何ら問題はない。両国でも、共同親権をうまく活用している父母は多いだろう。しかし、両国の親権法制には、懸念も表明されている。

欧州には「女性に対する暴力及びドメスティック・バイオレンスの防止に関する欧州評議会条約」(イスタンブール条約)があり、両国も加盟している[16]。この条約に基づく専門委員会は、加盟国のDVおよびそれに関する法制度をレビューし、勧告を出している。

委員会は、フランスに対して、裁判所が親権や面会交流の判断をするにあたり、DVの存在を確実に考慮するよう求めている[17]。逆に言えば、裁判所のDVに関する判断はまだまだ見落としが多く、加害者が共同親権を持ち続けるケースも多いということだ。また、同委員会は、ドイツに対して、司法関係者が片親疎外の概念を用いていることを懸念し、それとそれに類似する概念を用いないように勧告[18]している。DVですら見落とされているのだから、不仲・音信不通の事案で不適切に共同親権にさせられている例も相当数あると推測される。

要するに、ドイツやフランスの法制では、加害者が共同親権を持ち続ける深刻な事態が生じており、その対応に苦慮しているということだ。⑥外国では共同親権が主流で、そこには何も問題がない、などと単純に認識すべきではないだろう。

おわりに　父母の平等か、子の利益か

「離婚後も、父母が平等に子に関わる権利を持つべきだ。なのに、現行法では、別居親と子が断絶してしまう。」

こう言われると、現行法はひどいと感じるだろう。しかし、現在の共同親権推進論は、同居親や法制度への責任転嫁を背景にしており、この場面では、「父母の平等」は見た目ほど魅力的な理念ではない。

現実的には、離婚した父母は不仲であることが多く、音信不通になったり、暴力があったりする事例もある。そうした事例で、強制的に親権を共同で行使させるのは、子の利益にならない。また、シングルの子育てで必死になっている同居親に、親権行使のための交渉や調整の負担を課し、子のために使える時間やお金を浪費させることにもなりかねない。

父母双方が望んで自発的に協力する場合を除き、離婚後共同親権は子の利益にならない。こ

のことを見落として、非合意・強制型の共同親権を導入すれば、子の利益を害し、同居親――その多くはシングルマザーである――への暴力を誘発しかねないだろう。

もちろん、家裁実務が現状のままでよいというわけではない。例えば、離婚当事者、特にシングルマザーは経済的に困窮していることが多く、弁護士に相談したり、元配偶者からの訴訟に対応したりすることが難しい場合も多い。公費で家事事件の法律サービスを援助する仕組みを真剣に検討すべきだ。また、家庭裁判所の裁判官や調査官の数はさほど多くなく、手続に時間がかかることも多い。子と別居親との面会交流を充実させたいなら、安全・安心・安価に使える公的な面会場や面会支援員を設ける必要がある。共同親権の導入よりも、家裁予算を増やして、今指摘した制度を作る方が親子交流の増大には遥かに有益である。

法律で共同親権とすれば、父母が仲良くなったり、暴力が止んだりするほど、離婚の現実は甘くない。離婚後共同親権の問題は、このことを胸に刻んで議論をすべきだ。

注

(1) 「家族法制の見直しに関する中間試案」(法制審議会家族法制部会、令和4年11月15日)の項目「第2・1【甲案】」参照。
この中間試案では、離婚後も共同親権を命じ得る【甲案】と、現行法を維持し離婚後は父母いずれかの単独親権とする【乙案】が示されている。【甲案】については、DV・虐待をどう考慮するか（注2）、導入した場合、既に離婚した父母にも遡って適用するか（第8）が検討事項とされている。さらに【甲案】は、共同親権の要件について、①原則共同親権、②原則単独親権、③原則を定めないの三案、親権者とは別に子と同居し日常の世話をする「監護者」を必ず定めるA案と定めなくてもよいとするB案の二案、監護者を置いた場合に、監護者が単独で親権を行使しもう一方の親権者には通知だけでよいとするα案、意見が分かれたら監護者を優先させるβ案、意見が分かれたら裁判所が決めるγ案が示され、共同親権の要件や効果についても検討事項にしている。

この案は、2022年12月6日からパブリックコメントにかけられた。ただ通常なら、パブリックコメントを募集する案は、これほど複雑に分岐しない。部会内部の意見対立の激しさが垣間見える。混迷を極めたこの中間試案は、「意見が合わない者同士が話し合っても何も決まらない」ことを示しており、不仲な父母の共同親権の問題（子の重要事項を決められないこと）を法制審議会自ら体現しているようだ。

(2) アメリカ法では、①の部分をphysical custody（身体的・物理的な監護）、②の部分をlegal custody（法的な監護）と呼んだりする。このうち、②狭義の親権は、日本の民法の教科書では「財産管理権」「法定代理権」と呼ばれる（例えば、我妻栄『親族法』有斐閣、1961年、328頁は、親権の内容を「身上の監護」と「財産の管理」に分ける）。もっとも、医療や教育の決定は財産管理や法律行為の代理という概念ではとらえ切れないこと、諸外国の親権法では、監護者だけでは決定できない親権（に相当する権利や資格）の対象となる部分を、子に関する「重要事項」と呼んだりすることからすれば、狭義の親権は、子に関する「重要事項決定権」と呼ぶ方が適切だろう。

(3) 家裁実務では、細矢郁他「面会交流が争点となる調停事件の実情及び心理の在り方——民法766条の改正を踏まえて」家月64巻7号、2012年をきっかけに、面会交流を禁じる特段の事情が証明されない限りそれを実施すべきとする「面会交流原則実施論」に基づく運用が始まったとされる（岡村晴美「親権、面会交流に関する家裁実務からみえること」熊上崇・岡村晴美編著『面会交流と共同親権』明石書店、2023年、87頁参照）。

しかし、細矢論文は、紛争性の高い事案での強制面会が子の心身を傷つけるリスクを軽視しており、科学的根拠も不十分だと批判されている（長谷川京子「非監護親との接触は子の適応に必要か有益か」梶村太市他『離婚後の子の監護と面会交流』日本評論社、2018年所収）。

(4) ここでいう「積極的」とは、双方が心から望んでいるという意味であり、「真摯に」とは、双方が共同親権の法的効果を適切に理解し、それが子どものためになると判断しているという意味である。「共同親権にしないと養育費を払わない」と言われてしぶしぶ合意したり、離婚手続を早く進めたりしたくて、内容を吟味せずに合意した場合には、共同親権は不適切である。この点は、木村草太「離婚後共同親権と憲法」（梶村太市他編『離婚後の共同親権とは何か』日本評論社、2019年所収）参照。

(5) ただし、関係が良好ならば、父母いずれかの単独親権でも自由に話し合い、説明も受けられるため、支障はない。このため、関係が良好な父母からは、さほど強い要望はない。

(6) 子連れ別居は不当な実力行使であることを前提に、事前に裁判所に許可を得る制度を設けたり、精神的なDVをDV防止法の保護命令の対象に加えたりするなどした上で、子連れ別居を一律違法とすべきとする主張もある。

しかし、加害者と同居しながらDV被害を訴える手続を進めるのは現実的ではない。子連れ別居に事前の手続を要求すれば、被害者は報復を恐れるあまり、避難を躊躇し、深刻な被害が増えるだろう。DVの認定が困難であることを考え合わせれば、なおさらだ。不当な子連れ別居に監護者指定の手続で対応する現行法の方が、合理的だ。

(7) 森公任・森元みのり編著『「子の利益」だけでは解決できない親権・監護権・面会交流事例集』新日本法規、2019年、16頁。

(8) 梶村太市『裁判例からみた「子の奪い合い」紛争の調停・裁判の実務』日本加除出版、2015年に紹介された事例など参照。

(9) この概念は、1985年にアメリカの精神科医であるリチャード・ガードナーによって「発明」された。ガードナーは、自分の運営する出版社から多くの「論文」を出版し、片親疎外（Parental Alienation）／片親疎外症候群（Parental Alienation Syndrome）の概念を広めた。これは、各国の司法判断に大きな影響を与え、親の加害を隠蔽する機能を発揮した。以上の経緯は、P. Romito, M. Crisma, *Les violences masculines occultées : Le syndrome d'alié- nation parentale*, Empan, 2009, n°73(1)の指摘参照。邦語文献として、長谷川京子「『片親引き離し／症候群』批判」（梶村太市他『離婚後の子の監護と面会交流』日本評論社、2018年所収）参照。

(10) 例えば、国連の特別報告者は、2022年、スペイン政府への勧告の中で、片親疎外の概念を「科学的裏付けを欠いている」と指摘している（United Nation Human Rights Office of the High Commissioner,Spain: UN experts denounce child custody decision that ignores evidence of sexual abuse,2022/2/28）。

(11) S. Lapierre, N. Abrahams, M. Frenette,P. Ladouceur, A.Vincent, *Aliénation parentale et «fausses dénonciations» de violence conjugale,in Mallevaey, Blandine dir.,Aliénation parentale* ; Regards croisés,Mare & Martin 2022. pp.93-108. は、カナダでの裁判所や青少年保護の実践の研究から、片親阻害の概念が、性的暴行を含む深刻な加害行為の告発を「虚偽告発（fausses dénonciations）」だと貶め、重大な危険をもたらしていると警告している。

(12) 長谷川京子「離別後の家族を支配する『関わる権利』（プロコンタクトカルチャー）」梶村太市編

『家事事件研究アラカルト1』恒春閣、2022年、207頁は、「離別が喪失体験になり心身に苦痛をもたらすというのは、子どもではなく、父親の体験」だとする研究を紹介している。

(13) OECD Family Database では、2020年に生まれた子における非嫡出子の割合は、EU平均で41・9%、フランスで62・2%、ドイツで33・1%となっている。日本は、OECD内では最も非嫡出子の割合が少なく、2・4%にとどまる。

(14) 長谷川前掲注(12)、209頁参照。

(15) ドイツ民法（BGB）1671条は「父母が一時的でなく別居し、両者に親配慮（elterliche Sorge、日本法の親権に相当する概念）が共同して属するときは、一方の親は、家庭裁判所に親配慮を、または親配慮の一部を単独で担わせるよう申し立てることができる」と定め、一定の手続をとらないと、単独親権に移行できないように定めている。

また、フランス民法（Code Civil）372条も、「父と母は共同して親権（l'autorité parentale）を行使する」と定め、同373—2—1条は「子の利益のために必要な場合、裁判官は、二人の親のうち一方に親権の行使を委ねることができる」として、ドイツ法同様に、手続をとらないと、DVや虐待があっても共同親権が自動継続する仕組みになっている。

(16) イスタンブール条約の詳細は、森秀勲「欧州評議会イスタンブール条約——DV及び女性に対する暴力への対応」立法と調査、425号、2020年参照。

(17) Recommandation sur la mise en œuvre de la Convention du Conseil de l'Europe sur la prévention et la lutte contre la violence à l'égard des femmes et la violence domestique par la France IC-CP/Inf(2020)1) 12a.

(18) Recommendation on the implementation of the Council of Europe Convention on Preventing and Combating Violence against Women and Domestic Violence by Germany (IC-CP/Inf(2022)8)13.

第二節　共同親権運動の本質とメディアの問題点

太田　啓子

本稿では、１つ目は私たちが戦っている共同親権運動とは何なのか、２つ目は、共同親権に関するメディアの問題。３つ目は、これから何をできるかという運動論について述べたいと思います。

１　共同親権運動の本質

共同親権運動の本質は、「父権運動（Fathers' rights movement）」です。この社会は長きにわたり「家父長的」、いわば家庭の中が不平等で、家庭内で女・子どもは男に従う社会です。家父長的な社会から、個人の尊厳が家庭内でも尊重され、対等でいられる社会に進もうという流れが強くなると、それに反発し押し戻ろうとする動きも強くなります。共同親権推進運動はそういうバックラッシュの性質があります。私が主に携わってきた離婚事件での弁護士業務から見ると、女性との対等な関係が嫌な男性をしばしば見ます。

家庭内でも「個人の尊厳が大事」という建前はあっても、それでもやはり、社会には性別役割分業意識が強く、男女賃金格差も大きいので、これを背景にDVは起きやすく、被害者は逃げづらい。家庭内に法が入って、個人の尊厳を大事にしようという歴史はまだ浅いです。DV、モラハラ被害者が耐えられなくて、もう限界になり「子どもを連れて避難した」という事案を、共同親権運動体は、「妻が子どもを連れ去った」「実子誘拐だ」という言葉で表現します。

離婚によって被害者が暴力から逃げるということは、加害者側から見ると、理不尽の連続です。自分が近くに置いておけるはずの、支配できるはずの家族が失われたと、怒り、精神的苦痛、被害者意識が生じます。

父権運動は、アメリカやヨーロッパでも起きていることです。オーストラリアの研究者（Flood, 2012）による Separated Fathers and the 'Fathers' 'Rights' Movement（「別居父たちと父権運動」）という論文があります。積極的に活動している日本の共同親権運動体の主張とよく似ていると思うので、一部抜粋（翻訳は太田による）紹介します。

> 父権運動とは、父親たちが『俺たちは権利を奪われている、この社会は女性寄りで、フェミニズムに支配されていて、父や男性は差別されている』というような主張である。フェミニズムへのバックラッシュの側面もあり、元配偶者、制度に対する怒りと非難の心情、これは離婚経験者たちによく見られるものである。

男性が元妻に対して怒りの感情を抱き、この怒りは数年にわたり続き、元配偶者への非難は時間の経過とともに強まることが示唆されている。

このように父権運動というのは、「女性、子どもに対する男性的、父権的な権威の復活を目指す運動」です。子どもに対する実際の関わりよりも、父親の権利としての父母間の「平等」にこだわりを示します。

子の養育（ペアレンティング）よりも、自分の権利に重点を置きたい。これは、自分がパワーを失いつつあることに対する防衛的な戦い、つまり何かを奪われている、何かを剝奪されているということへの怒りです。

また、同論文（Flood, 2012）によると、父権運動は「復讐を伴う平等の追求」です。父親たる権利、地位の平等が念頭にあって、実際の子の養育よりも、そちらのほうを重視しています。

そして、父権運動は女性一般、特にシングルマザーに対しては否定的で敵対的に描きます。父権運動の中では、女性たちをお決まりのように「寄生虫的」「養育費をむしり取る」とか「狡猾で執念深い存在」と主張します。「俺の悪口を子どもに吹き込みやがって」と言います。また、彼らは一貫してシングルマザーの収入を過大評価し、逆に、子育てに必要な費用や生活費は過小評価します。

さらに、父権団体は、「母親たちは不誠実で執念深く、ＤＶや虐待について嘘の訴えをしがち」で、さらには、「子どもと別居父との交流を恣意的かつ一方的に拒否する」というふうに捉えたがるのだと言います。

全く日本と同じ構図です。これが共同親権運動の本質です。このように、今起きている共同親権運動は「父権運動」であるという本質を社会が正しく理解すべきで、「子どもに会えなくてかわいそうなパパの集団」というようなメディアの取り上げ方は間違いです。

2 共同親権運動体の要求の背景

共同親権運動体は、口では「子どもに会いたい、会いたい、寂しい、寂しい、子どもには親が必要だ」と言います。

家庭裁判所での実務ではしばしばあることですが、監護親が「会わせない」とは言わず、なんらかの面会提案をしても、非監護親が受け入れずトラブルが長期化することがあります。

例えば「毎月第1土曜でどうですか?」と提案すると、相手は「その頻度とその方法では駄目だ」と拒否します。そして「絶対に宿泊付きじゃなければ駄目だ」、子どもの家の近くに遊び場がいろいろあっても「絶対に俺の家のほうに来い」と様々にこだわります。

そうすると、「片道1時間半かかったりして面会の時間がその分減ってしまうからもったいない。むしろあなたにとって良いようにこういう案はどうでしょう?」と言っても、相手の独自のこだわりが強く、結局オールオアナッシングで結果、全然会えなくて面会ゼロとなってしまうことまであります。「こういう案はどうでしょう?」と提案しても、まとまらないことが本当に多いです。

でも、そういう人がSNSで、「元妻が全然子どもに会わせてくれない。もう1年も会ってない」と言っているのもよく見ます。「あなたが拒否したからでは?」と思いますが、こういうケースがとても多く存在します。

このようないきさつから考えると、彼らの本当の要求は「子どもに会いたい」ではないと思います。「子どもに会いたい」という要求の背後にある「自分の思い通りにしてほしい」ということがやはり真の要求であり、「面会のやり方も自分の思い通りじゃないから不満だ」ということなのだと思います。

「子どもに会いたい」と言うから調整していても、彼の思いどおりにならない限り、「いつも100%満足しない」ということばかりです。

実のところ、彼ら自身も、自分の要望の背景にあるものに気付いていないと思います。「子どもに会いたい、会いたい」と言っているからその気になっているけれど、自分の支配的な部分に自覚的にならないまま、「いや、君は単独親権の被害者なんだ」というようなストーリーにのっかり自分の行動の問題を自省する機会をどんどん奪われていきます。ほんとに罪深いストーリーだなと思っています。これがまさに「荒ぶる父親たちの問題」です。

3　DVケースの特徴

離婚事件を多く担当している弁護士全員が口を揃えてDVケースの夫側は、「みんな同じことを言うよね」と言います。どんな特徴があるかと言うと、相手のことを非難しつつ同時に離婚を拒否。「子育てもまともにできない」とか「全然稼ぎもしないくせに」と罵倒、そんなに罵倒するのなら、離婚してくれるのかと思いきや、離婚を求めると拒否する。だから、離婚裁判の記録はすごく分厚くなります。

また、「直接話せば解決する」と言って、弁護士とか裁判所とか第三者の介入を極端に嫌がります。法的解決をしたがらないし、当事者同士では話し合いができません。話し合いができるまともな関係性しか知らない人には、どうにも伝わりづらいのですが、「当事者同士で話し合いができない」のです。なぜかというと、DVモラハラ加害者は「怒鳴る」とか「黙る」とか「話し合いから逃げる」からです。

さらには、「被害者意識がすごく強い」と思います。加害者性が強い人ほど、ものすごく被害者意識も強い。相手が自分の思い通りにすべきと思っていてそうしてくれないことを自分の「被害」であると受け止めるのです。これは「対等が嫌」なのだとしみじみ思います。だから、同じ立場でものを言われていると感じただけで、カチンとくる。コミュニケーションを求められると、「そうじゃなくて、おまえは俺の言うことを聞く側。何で話し合える立場と思っているの?」」という気持ちがあるのだと思います。そのように「妻に自分の思うとおりに動いてもらえない」ということで、「妻を支配できない、つらい俺」と本当に傷付いている。

男性学研究者である伊藤公雄先生によると、優越、男らしさ、優越志向、権力志向を妻に対して向ければ、妻より優越していたい、妻の行動を管理したい、コントロールしたい。妻に自分の思うとおり動いてほしい、ということになり、これはDVモラハラ夫の典型的な思考・行動パターンだと思います。

トキシック・マスキュリニティ(「有害な男らしさ」)という言葉があります。私の書いた本『これからの男の子たちへ』(太田、2020)の中でも、いわゆる「男らしさ」として社会の中で当然視され、賞賛され、男はこうあるべきだろうという観念が、他人に対しても、かつ、男性や、自分自身に対しても有害な性質があるという意味の言葉として紹介しています。共同親権運動は、こういったトキシック・マスキュリニティがDV加害者の根底にある一現象だと私は思います。

4 メディア報道の問題点

共同親権に関する報道でよくある誤解として、5点挙げます。

まず1点目。別居したり離婚したりすると、それだけで子どもに会えない。「親子断絶」は単独親権のせいなのだから共同親権に変えよう。

「子に会えない問題」は、親権とは関係ありません。今は単独親権ですが、家庭裁判所での面会調停や面会審判もあり、民法の条文（民法766条）もありますし、「単独親権だから会えない」ということは法的に誤りです。

面会交流は現行法でもできています〔編者注：令和3年厚生労働省「全国ひとり親世帯等調査結果の概要」では、母子世帯の30・2％、父子世帯の48・0％が面会交流実施〕。ですから、「単独親権だから面会交流ができない」ということ自体が大きな誤解です。

ただ、面会紛争で、解決の方法が貧弱だということは感じています。だから、家庭裁判所の体制を強化する必要がある。スタッフの専門性を高め、人数を増やし、期日もなるべく多めに入れられるように物的体制も強化する必要があります。

また、家庭裁判所で決めた後は、当事者に放り投げられるだけです。そこがとても大変だと思います。毎月1回会いましょうと決めた、その後が大変です。DVとか虐待など難しい事案については、公的支援が必要です。今は、それがない中で家庭裁判所はただ面会交流を決めています。合意された面会交流の実施の確保に関しての問題は確かにあります。ただし面会交流の解決手段は、共同親権ではありません。

2点目。「共同親権にしたら養育費不払い問題は解決」という誤解があります。養育費の不払い問題。確かに深刻です。養育費をもらってない一人親の家庭はとても多いです。

養育費の不払いは、親権とは関係ありません。当然ですが単独親権下でも親であれば養育費分担義務があります（民法877条・766条）。今、別居しているだけで離婚はしてないから共同親権という状況でも婚姻費用（配偶者と子どもの生活費）を1円も払わない、そんな父親が多くいます。なぜ「共同親権になったら養育費を払う」と思うのでしょう。責任感があるからとか、論理的には全く根拠がない報道をしています。

養育費の不払い問題はありますが、共同親権はその解決策ではありません。大事なのは、立て替え払いを行政が行ったり、取り決めのサポートをすることです。

面会交流と養育費が二大問題としてあるので、解決しなければいけないのはそのとおりです。ただし解決のために「共同親権です」と言われますが、それは違います。

3点目、「親権争いが熾烈《しれつ》になってしまう」「『連れ去り勝ち』になってしまう」「それは単独親権だからだよね」という誤解。

「連れ去り勝ち」という言葉も、当然のように報道で出てきますが、それ自体が間違いです。本当に大きな間違いです。

同居期間中の子どもの監護、子どものお世話をどちらがメインでどういうふうに行ってきたかを、一日の家事・育児のタイムスケジュールなどを聞き取りして家庭裁判所は監護者を決めています。日本では母がメインという家庭が多いです。主たる監護者（子どもと一緒に住みお世話をする人）イコール母という家庭が多いので、その結果として、監護者が母になっているだけです。仮に共同親権になったとしても、監護者はどちらにするのかという紛争が起きるので、「共同親権になったら争いがなくなる」という論理が分かりません。共同親権をマジックワードのようにイメージで語っているのかなと思います。

4点目、「ハーグ条約に対応できるようにするべきだ」というもの。ハーグ条約、これも本当に関係ありません。これは国境を越えた子どもの移動があった場合に、どこの裁判所で判断するかという管轄に関する条約ですので、国内での別居事案なのに「ハーグ条約」という言葉を出す記事があり、それだけで「ああ、（記者は）分かっていない」という感じがします。

5点目。「ジェンダー先進国の諸外国、欧米では共同親権だ」「単独親権の日本はジェンダー後進国だから、ジェンダー平等推進で共同親権にならなくては」というもの。「諸外国は共同親権だ」と言うけれど、日本で言うところの「親権」、子どもの重要事項に関する意思決定、それを離婚後にも共同決定しているような国はどこにもないです。実際、諸外国の共同養育もいろいろと弊害があって、制度見直し中であるというのが現状なのですから、とにかく誤解だらけです。

親子関係の基本的な法律として民法766条の条文がありますが、これがメディア報道の際に出てきません。また、「親権」と「監護権」を混同する報道が非常に多いです。養育費も面会も、それは監護の問題であり民法766条に「離婚の後に子の監護について話し合いを協議で決める。協議できなかったら家裁で決める」という条文があるわけで、親権者ではなくても、別居していても、親であれば、養育費支払いや面会交流という形で子どもの監護に関わることを日本の民法は既に前提にしています。

〔編者注：民法766条（離婚後の子の監護に関する事項の定め等）
民法第七百六十六条　父母が協議上の離婚をするときは、子の監護をすべき者、父又は母と子との面会及びその他の交流、子の監護に要する費用の分担その他の子の監護について必要な事項は、その協議で定める。この場合においては、子の利益を最も優先して考慮しなければならない。
2　前項の協議が調わないとき、又は協議をすることができないときは、家庭裁判所が、同項の事項を定める。
3　家庭裁判所は、必要があると認めるときは、前二項の規定による定めを変更し、その他子の監護について相当な処分を命ずることができる。〕

これらは全部誤解です。問題がある報道はこのどれか、または複数があると思います。どうして誤解なのかについて確認しておきましょう。

5　法的に不正確な報道が誤った世論を生む

メディアが、「親権者でないから子どもの監護に関われない、だから共同親権にしよう」と報道している場合、「記者が７６６条の条文の存在を知らないか、あるいは意味を理解してないか」です。そもそも「単独親権だから子どもに会えない」と言うのであれば、会えている親子はどうしてなのでしょう。誤解と思いこみが先行し、現実とか条文とかを無視するメディアの姿勢をやめてほしいと何度も思ってきました。

例えば『報道ステーション』（２０２２年8月30日）では、「ある日妻子がいなくなって、子どもに会いたい」という父親のインタビューと、「夫のＤＶ、モラハラがとてもひどくて、共同親権になったら怖くて協議できない」という母親のインタビューが両方出てきました。

「ある男性が妻と息子と住んでいて、ある日、突然家族が消えていました。離婚は成立して、今は親権を元妻が持っています。男性は、『子どもに会いたい』と弁護士に相談をしましたが、元妻が望んでいないことなどから、その願いはかなっていません。」

弁護士に相談したら、「まずは調停を起こしましょう」とか可能な手立てを言うはずです。弁護士が説明しないはずがないです。

ですが、「どういう法的手続きを取ったか」ということを報道しない。触れもしない。あたかも、家庭裁判所での解決方法がないみたいに受け取れます。これはあり得ないです。でも、こういう報道がものすごくいっぱいあります。

私はこの件でメディアの複数の人に話をして、直接法制度についてレクチャーする機会が何度かありました。やはり、メディアの多くの人は、家庭裁判所で面会の調停があること自体を知らないのです。報道するときには法的な紛争についてだったら、専門家に聞いて正確に伝えてほしいと思います。

『週刊女性』(2021年4月14日)、『AERA』(2021・4・18)では、支払っていない婚姻費用を払えという差し押さえをされ、「もう自分は子どもにも会えず、家賃も払えなくなった」という元有名棋士のインタビューが掲載されていました。が、いきなり差し押さえの手続きはできません。婚姻費用の請求をして、調停がまとまるとか、審判がなされて、それでも債務者が払わなくてやっと請求ができるので、結構時間がかかるわけです。

このケースは離婚前だから共同親権下ですが、別居親は子どもと配偶者の生活費(婚姻費用)を払ってない。このようなケースは実務では日常的に多くあります。別居が気に入らないのでしょうが、それでも婚姻関係にある以上、別居中の期間の生活費を分担しなければなりません。女性側の代理人を務めるときには、離婚請求と婚姻費用の支払いの調停を同時にするというのが典型的な手続きですけれど、このときにもう「生活費を払わない」、そしてかつ「離婚もしない」とか、言ってきたりします。生活費を払わないから、女性側は兵糧攻めにされてしまいます。それはもう経済的DVにあたるわけですが、そんな人の言い分を相手の言い分もきかないまま一方的に流すなんてメディアはDVに無頓着過ぎます。

「子に会えない」という問題を取り上げるメディアは、「会えない、会えない」と言いながら生活費を払わないという虐待をしている加害者ではないか、そういうことをする人は精神的D

Vもあるのではないかとチェックするようにとも言いたいです。

また、共同親権を扱う際にメディアで報じてほしいのが、「共同親権というのは子に関する事項に関する共同意思決定を強制すること」であるということです。

離婚後に、子どもの医療や教育について合意をしていない父母に対して、「裁判所が共同意思決定を命じる制度を日本で作るかどうかという問題」だということを正確に報じる報道は本当に少ないです。

私は『Journalism』という雑誌（2022年9月号）に「『共同親権』めぐる報道が映す当事者の〝非対称〟への無自覚」という題名で、記事を書きました。

メディアは、「連れ去り」とか、「かわいそう」とか、「子に会えない」と言って、あたかも「子の連れ去り多発」という社会問題があるように言いますが、違います。実際には、「配偶者を恐れ、子連れで出たら貧しくなるのが分かっているのに、家を出て行かなくてはいけないDV被害者がいる」という社会問題なのです。

でも、メディアの側がゆがんでいるから、「別居させられた親がかわいそう」としか見えない、ということがすごくあり、両者の関係性が対等ではありません。

6　どのように社会に理解してもらうか、運動論

共同親権の問題について、正しく理解する人を増やすことがとにかく大事です。具体的には以下のような方法が考えられます。

①メディアを通じて…報道をＳＮＳで拡散する、新聞に投書する、メディアに感想や要望を送る

②行動で…ビラを配ったり署名する、署名をＳＮＳで拡散する、リアルな知人友人に署名を頼む、スタンディングする

③議員への意見…共同親権について的確な言動をしている議員を応援すべく発信をＳＮＳで拡散する、支持を表明する、メールで要望を伝えたり会いに行ったりして話す

このような方法で、共同親権の問題をあまり分かっていない、関心がない、なんなら共同親権っていいものでは、と思っている人に対してどのように伝え、どう仲間を増やせるかという具体的な方法を知りたい方が多いと思います。そのためのスキームとして、「コミュニティ・オーガナイジング（https://communityorganizing.jp/）」を紹介します。これはハーバード大学のガンツ博士の「社会運動を起こすための方法論」です。

「パブリック・ナラティブ」という概念があります。公で語る物語、要するに、どう伝えたら人に伝わりやすいかというスキルで、「セルフ（Self）」「アス（Us）」「ナウ（Now）」という

段階があります。まず「自分がどうしてこの問題に関心を持っているのか、どうしてこんなに自分はここに熱くなっているのか」という「自分のストーリー・オブ・セルフ」を話します。その次に、「これは、実はみんなの問題だよねというふうに、あなたにも関係があるのだよ（Us）」というストーリーを話すんですね。そして、「それは今やるべきである」というふうに、「なぜ今やっていくのか」という「Now（ナウ）」を話します（鎌田、２０２０）。

ここで当事者、支援者が一番力点を置くべき、社会に一番足りないのは、「Self（セルフ）」の部分です。「どうしてこんなに危機感があるのか、何をこんなに憂慮しているのか」ということを言葉にして、とにかく社会に発信していくことが大事です。その時に、数字を示したり具体性があると説得力が増すので、統計なども提示します。例えば、「今日本で養育費を取り決めしている理由として母子世帯では『相手と関わりたくない』が34％と最も多いです。養育費をもらったほうが、生活が苦しくなくなるのは分かっています。でも、私は養育費を夫に要求できませんでした。今もしていません。それはなぜかと言うと、要求すると怖かったからです」、このような感じで、数字を織り交ぜながら自分の話をしていきます。「元夫は、殴りはしませんでした。でも、夫がもしも共同親権を持ったならば、怖くて話し合いができないと思います」と具体的に伝えます。そして、「このような経験は他の人もあるし、もしも共同親権になった場合に、影響がある子どもの数は推計１９０万人です」と数字を少しでも入れると主張も締まります。「そして今、法制審議会での議論について」と話していく。こういう感じでメディアにも伝えていくといいと思います。話してももちろんいいし、投書することも、地味だけれども大事だと思います。ＳＮＳの発信だってそうです。

今はやはり不安だから、「Now（ナウ）、Now（ナウ）」とＤＶ被害者は言っていますが、前段階の「Self（セルフ）」がとても大事です。人の心を動かすのは、その「熱さ」。「『なぜこの人は熱心なのか、こんなに危機感があるのか』と感じさせることが一番人を動かす」ということを、このワークショップで私も思いました。重要なのは「具体性」です。皆さんいっぱいお持ちのはずです。だから、それを伝えていきましょう。共同親権の問題と本質を、より多くの人が自分事と感じ、考えていくために。

文献

Flood. M（2012）Separated Fathers and the 'Fathers' Rights' Movement *Journal of Family Studies* 18(3):235-245, DOI:10.5172/jfs.2012.18.2-3.235

太田啓子（２０２０）『これからの男の子たちへ』大月書店

伊藤公雄（１９９６）『男性学入門』作品社

太田啓子（２０２２）「『共同親権』めぐる報道が映す 当事者の〝非対称〟への無自覚」『Journalism』（388）、24―29

鎌田華乃子（２０２０）『コミュニティ・オーガナイジング』英治出版

メディア記事

報道ステーション、2022年8月30日

「橋本崇載八段が赤裸々に語る『子ども連れ去られ』騒動」週刊女性PRIME、2021年4月14日

「将棋・橋本崇載八段が語った〝引退〟本当の理由『1年間、苦しみ抜いた結論』」2021年4月18日、AERAオンライン

「ひとり親の8割『共同親権』に消極的　支援団体アンケート」静岡新聞、2022年8月16日

厚生労働省「全国ひとり親世帯等調査結果の概要」令和3年

第三章　子ども、子の同居親は、共同親権をどのように考えているか

一　子どもの声

Aさん「面会交流が強制されなかったので別居親との交流が続きました」

親の離婚を経験した子の立場から、自分の経験を回想してお話しさせていただければと思います。私は、私自身が2歳のときに両親が別居、離婚しました。2歳ですので、父と一緒に暮

らしていた頃のことは全く覚えていませんし、父と母が離婚したときの状況についても全く記憶がありません。私と母、父と3人で住んでいた集合住宅から母が私を連れて家を出て、2人で住むようになったということです。

私が物心ついたときには父との面会交流が既にありました。頻度としては2、3か月に一度ぐらい会っていたと思います、平均にはなりますが。一緒に過ごす場所は、幼児期の頃は動物園ですとか水族館、あとは遊園地、児童館、夏は公営プールなどに連れていってもらって泳ぎを教えてもらったこともあったと思います。

いつも半日ほど過ごして、帰ってきているというような状況でした。面会交流の日は昼頃に待ち合わせをして、早めの晩御飯を食べて帰ってくるという感じでした。旅行に行ったりとか、あまり遠くに行ったりすることというのはありませんでした。

幼児期の面会交流は、父と2人で会うこともあったのですけれども、私の場合は父と母の共通の知り合いの女性がいて、この女性がよく仲介をしてくれていたり、父と面会するときは一緒に遊んでくれたりしていました。女性は子どもの扱いもとてもうまくて、いつも私の気持ちに寄り添った対応をしてくれており、楽しく面会交流ができていました。この女性の支援がありまして、幼児期は面会交流が嫌だと思ったことは特にありませんでした。

父方も母方も祖父母の支援は受けられない状況だったので、今思えばこの女性の存在はとても大きかったと感じています。

幼児期は以上のような感じなのですけれども、幼児期から小学生の間は、面会の日は、母が父との待ち合わせ場所に送り迎えしてくれていました。駅で待ち合わせして、私を受け渡してという感じでした。

受け渡しのときに父と母と一緒にお茶をして帰ることもあったのですけれども、私はそのときは小さかったのであまり覚えていないのですが、母は少し気まずい時間を過ごしていたこともあったようです。私の誕生日やクリスマスなどは、父は服やおもちゃを買ってくれたりしていました。母が前もって、クリスマスにはコートを買ってもらえば、などと決めていたこともありました。

子どもの頃は全くそういうことは知らなかったのですけれども、父は私の養育費を全く出していなかったとのことです。養育費は支払っていないのですけれども、私にプレゼントをするのは好きだったようでして、母はせめてそれを利用して生活に必要なものを買ってもらえばと考えていたのではないかと思います。

今から考えると、たまに父に会うことは特に違和感もなく、当たり前のことだと感じておりました。年末になると母の実家に帰省することがあったのですけれども、それと同じ恒例行事のようなものだと思っていまして、自分にとっては特に違和感はありませんでした。

小学校以降の面会交流についてお話しさせていただきます。小学生になると、土曜日に習い事に行き出したりですとか、友達と遊ぶことも増えましたので、面会の頻度は少し落ちました。低学年のときは年に3、4回、高学年になっても少なくとも半年に2、3回は会っていたと思います。

父が再婚しまして、その父の家に遊びに行くようにもなりました。再婚相手の女性も私のことをかわいがってくださる方でして、もてなしてくれていました。小学生になると自分で電話ができるようになりましたので、放課後など父に電話して学校のことなどを話したり、特に決まりはなかったのですけれども、自分で父に電話することもありました。高学年になってからは、面会の日程なども父と自分で電話をして決めていました。行きは自分で電車に乗って父との待ち合わせ場所に行って、帰りは母に迎えに来てもらうという形でした。

これは私の所感なのですけれども、面会の頻度や曜日などが決められていなかったのがよかったと思っています。幼児期は母に面会交流に連れていってもらう必要がありました。父の都合だけではなくて、面会交流の場合は母の都合もあると思います。そういった場合、頻度や曜日などが決められていると、親同士も子どもにとっても過剰なストレスになると私は思います。

会えていたのはよかったのかもしれないですけれども、頻度が決められていると誰にとってもストレスになるのではないかと思います。

父は離婚前は保育園の送り迎えなどは少しやっていたそうなのですが、幼児の食事やトイレなどを器用に世話ができるタイプではなかったので、一緒に遊びに行ってくれる人が、先ほどの知人の女性ですね、がいてよかったと思っています。母が一緒に付き添って面会交流をしなければならなかったとしたらということを考えたこともあるのですけれども、それは、離婚した親同士もですし、私にとっても気を遣わなければいけないので、そういうことがなかったのが私はすごく幸せだったなと思っています。

正直、恵まれていたなと思います。私自身、少し神経質な子どもでしたので、学校行事があって疲れたりですとか気分が乗らないときは、約束をしていても、面会交流の直前に父に電話をして、面会をキャンセルしたこともたくさんありました。

父も特にそのことは気にしていなかったですし、何か嫌なことを言われたことはありませんでした。母も同じように、父からそんなことで何か文句を言われたりとかということもなかったようです。

この感じからも分かるかもしれませんが、父も私にすごく関心があるという感じではなかったと私は小さい頃から思っています。どちらかというと父自身が子どものような人で、趣味が多くていつも忙しそうだと子どもながらに思っていました。私が子どもの頃から、母は父のことについて何かマイナスの情報を話すことも全くありませんでしたので、私自身、幼児期から小学生の頃、父について特に嫌な印象はありませんでした。父も面会交流のときに母の悪口を言うようなことはありませんでしたので、両親についてお互いから聞くということもあまりありませんでした。

　私が高校生のときに、母が転職したこともあって収入が減りまして、私の進学の費用について母と相談する機会がありました。このときに初めて、父が私の養育費を全く払ってこなかったことを知りました。払っていると思っていたわけではないのですけれども、母はずっと外で働いていましたし、私の生活を優先していろいろなことを考えてくれているのは分かっていましたので、このときに父が養育費を払ってこなかったということを知って、少し父に腹が立ちました。

　そのときはしばらく会いたくないと思って、高校生の間ずっとですね、父には会っていなかったと思います。

　母は父のことについてマイナスのことを言うことは、子どもの頃は全くなかったのですけれども、私がこれを機にいろいろ母に問い詰めるようになると、離婚の原因もどうやらお金のことだったのだなと改めてわかりました。これも、私がいろいろせがんでやっと母から聞かせてもらったような形だったので、お互いのことをあまり言わないように、平和協定みたいなものがあったのかなと思います。

　その後、私は大学も理系に進んだのですけれども、理系ですので学費が大変かさみました。今も働きながら奨学金を返済している形です。父から経済的な援助がなかったことは、いまだに私は不満に思っています。というのは、子どもの頃から父もそれほど経済的に困窮しているようには見えなかったというのがありまして、母は結構あくせく働いて、私が困らないようにとしてくれていたのですけれども、父はどちらかというと道楽者というか、それほど困っているようには見えないのだけれども、養育費は出していないということを高校生になってから知って、少し不満を持つようになりました。

父とたまに会っても、今もたまに会うのですけれども、お金の話は一切しません。父も高齢者になっていまして、持病もあるので、今更特には期待はしていません。

養育費を支払っていなかったので、父が私の進学や進路などについて口出しをすることは一切ありませんでした。

養育費の支払いがなかったことを知ったのは高校生になってからなのですが、それよりずっと前から、一緒に住んでいないし私の養育をしているわけではない父が私や母の生活に口出しをすることはありませんでした。

子どもながらに、それも当たり前のことだと感じておりました。小さい頃から母が自分のよりどころになっていましたので、仮に母とけんかしたからといって父のところに行くということは、子どもながらに全く考えたことがありませんでした。

今思うと、それが象徴的だなと思うのですけれども、私は子どもの頃から父とけんかをしたことも全くありませんでした。子どもの頃から母にはいつも体当たりというか本心で接していたのですけれども、その分、けんかになることも母とはたくさんありました。それに比べて父との関係はとても薄かったですし、母に甘えるほどは父には甘えていなかったと思います。たまに会う人になっていますので、もうそれが普通のことでしたね。

一緒に住んでいないことを考えると、当たり前だと思います。自分の日常の暮らしや友達との関係、学校のことなども父とは話すのですけれども、時々会うだけの人に断片的に話しても、父も実感としてよく分からないですし、私も父に何かアドバイスを求めていたようなところはなかったと思っております。

思春期や反抗期に親とあまり話をしなくなったことが私もありましたが、親にいろいろ詮索されたくないということは普通の心理だと思います。私も不登校になったりですとか、母に反発した時期があったのですけれども、だからといって父に甘えたいとか、悩みを聞いてほしいと思ったことは特にありませんでした。

父に反発して会いたくなかった高校生の時期も、父も母も特に、面会をしておいでと強制をしたりですとか、なぜ会わないのと根掘り葉掘り聞いたりもしないでそっとしておいてくれていました。両親ともそういう態度だったので、今でも父と時々会う気になるのだと思います。制度ですとか、人に強制されるというのは、やはりストレスになる場合もあるのではないかなと個人的には思います。

両親が離婚することによって、逆に、月1回などといって決まって親と過ごすことが必要になるのは、私は違和感を感じます。

中学生や高校生になって自分の世界がだんだん広がっていく時期に、毎月お父さんと一日遊びに行くという子はあまりいないと思います。それは子どもの考え方や場合にはよるとは思うのですけれども、決められているということのストレスがあると思います。もちろんそうしたい子はそうすればいいと思うのですけれども、私自身は強制されなくてよかったなというのを大人になってからとても感じております。親であれ誰であれ、いつ会ってどんな話をするのか、とてもプライベートなことなのに、こう在るべきという規範が入ってくることは避けてほしいなと私個人としては感じます。

Bさん「両親と関わった方がいいという意見は親の自己満足です」

私は現在19歳で、母と兄と弟の4人家族で暮らしています。本日は、両親の離婚を経験した子どもの立場から、今回の共同親権について思うことを述べさせていただきたいと思います。

私は、共同親権という案が出てきて、そこに賛成する人々の意見を聞き、様々なケースや立場があるのだということを皆様に伝えたいと思います。

私の家庭は私が小さい頃から父が母に対して暴言や暴力を振るう家庭でした。父は一度怒り出すと抑えが利かなくなり、エスカレートしてしまう人でした。

怒り出すと歯止めが利かなく、母が夕飯の支度をしているときなどでも、何時間でもどなり続けるため、母が夕飯を遅くまで用意できなかったり、母が用意した夕飯を父が床にぶちまけたりすることがあったので、私たち子どもがしっかりとした夕飯を食べさせてもらえないようなこともしばしばありました。また、物に当たる癖もあったので、姿見などの家具を壊すこともよくありました。

特に私の中で印象的だった出来事は、私が小学生のときに学校で熱を出し、両親に車で迎えに来てもらったときのことです。家に帰る途中の車の中で突然、母の言った些細な言葉に怒り出し、助手席に座っていた母を私の目の前で殴ったときは、熱が出たと言わずに黙っていればよかったなととても後悔したことを覚えています。

子どもの頃の私は、そんな環境がとてもつらかったのですが、年齢も体もまだ幼く、小さい私としては、ただその状況から目をそらしたり、受け入れたりして、黙っていることしかできませんでした。

父と暮らしていたときから、私は早朝、父のどなり声の幻聴が聞こえ、しっかりと眠れない日々が多く、朝起きられず、学校に遅れることがよくありました。離婚後1年ほどたっても、それは続きました。

そういった環境の中で私の支えになっていたのが、小学校のスクールカウンセラーの先生などの大人の存在でした。常にカウンセラーの先生に気に掛けてもらえたことが、私としては大きな支えになっていたと思います。複雑な環境の中で生活をしている子どもたちに寄り添うような人や環境、場所があることは、本当に大切だと思いました。

その後、私が小学6年生の時母が通報した警察に父は逮捕され、その後、接近禁止命令などを受け、母は離婚することができました。

私が今回、共同親権という制度の話を聞いて感じたことは、もし私の母が離婚するときにこの制度があったとしたら、私自身の居住地や進学先を決めるときなどに毎度大きなトラブルやいざこざが生まれ、とても大変なことになっていたのではないかということです。

子どもは両親と関わりながら成長することが子どもにとっての幸せだという意見があるかもしれませんが、その意見は私が思うに、親の自己満足であり、必ずしも子どもにとっていい形だとは私は思いません。本当にそう望む子どもは、大人が思っているよりも少ないのではないかなと私個人としては思っています。まだ幼く、物事の判断ができない子どもからしてみれば、急に片方の親と暮らせなくなったり会えなくなったりすることは悲しくつらいように思うかもしれませんが、数年たって考えてみれば、その形が本当に不幸だったと感じる人はそこまで多くないのではないかなと私は思っています。実際に私はそうです。

子どもにとって、両親と暮らせることや不仲な両親と関わり合いながら成長するよりも、そばにいてくれる親が明るく幸せに暮らしている状態でいてくれることの方が重要だと思います。実際に私の家庭では、離婚前の圧迫感や緊張感のあった家庭、子どもそれぞれ精神的に不安定になったりストレスを感じていた日々と比べ、離婚後は驚くほどに家庭全体の雰囲気がよくなり、母に笑顔が増えました。母が精神的に余裕が出て明るくなったように見え、当時両親が離婚して、とてもよかったなと思いました。

また、親権を失ったことは本当につらいと思いますが、子どもは離れることになってしまった親とも、生活が落ち着けば、会ってみようという意思が芽生えることもあると思います。もし強制的に面会することになっていたとしたら、その気持ちは生まれなかったのではないかなと思います。

実際、私は父に対して、15歳のときに、別れた父に会ってみたいと思い、自主的に父に連絡を取り、それからは定期的に食事をしたり、メールなどでやり取りをしています。実際に私の弟も父に定期的に会っています。ただ、兄は会いたくないと言って父とは会っていません。

本当に子どもの立場を一番に考えたいのであれば、それは共同親権の導入ではないと思います。離婚してもなお、共同親権があるがために子どもの進学先や居住地などで両親がもめることが、子どもにとっての一番のストレスだと思うからです。また、養育費の未払い問題解消のために、共同親権にした方が親としての自覚が生まれ、しっかりと養育費を払ってもらえるのではないかなどという意見があるかもしれませんが、親権があるないにかかわらず、子どもが成長するまではしっかりと援助するのは親としての義務だと思います。

親権のあるなしにかかわらず、養育費に関しては払う義務を促すような制度が現状、十分ではないことが問題だと思います。離婚をしなければいけなくなってしまった時点で、その家庭環境は子どもにとって、安心安全で幸せなものではないのです。子どもと親との関わり方に正解はなくケースバイケースだと思います。

両親と関わった方がいいという意見は親の自己満足です。必ずしも子どもにとっていい形だとは私は思いません。共同親権制度を導入することは、環境によっては子どもに不幸を生むということもしっかりと理解をした上で、どうか今一度慎重に判断をしてもらいたいです。

Cさん「転学や進学で両親の合意が必要かと絶望しました」

高2の秋に母と、弟と、家を出ました。父は家庭裁判所の調停を拒否していて、まだ両親の離婚が成立していません。このため、私たち家族は児童扶養手当などのひとり親家庭への支援が全く受けられていません。

父は子育てをしないのに3人目が欲しいと言っていました。そのくせ生活費を全く入れないなどの経済的なDVがあったにもかかわらずです。

母はパートで働き、私が小2の時には、別居しようとしたけど、父に親権を取られると思って思いとどまったそうです。そのころから家庭内別居で、まったく口をきいていません。私は父を好きなふりをして父とご飯を食べるなどして、母にお金を使わせないように努力しました。父は私たちの習い事の月謝などは出してくれましたが、それは母へのあてつけでした。母に関することにはいじめのようにお金を出さないので母は1食抜かざるを得ない状況でした。

中3の時に、母を助ける生活に限界を感じました。母も父も「お前はどっちの味方だ?」と聞いてきて、家族がいやでした。別居、という話になったのですが、私も勉学が忙しく、両親の揉め事に巻き込まれたくなかったため、「私が大学に入るまでは離婚や別居を待ってほしい」と頼みました。

父はその後、転職すると言い出しました。生活費をもらえていないのに、これ以上父の収入が下がったら、生きていけないと思いました。父の収入が減るのに比例して、お金の統制がひどくなりました。とにかく「お金を使うんじゃない」「お金を使いすぎだ」と言われました。友達とも遊んでいないのに。

「もう無理だから一緒に物件を探して欲しい」と母から言われ、別居に至ったんです。最初、父は私と弟の親権を持つと言っていたのですが、転職してお金に困り始めると「親権はどうでもいい」と言い始めました。でも「面会交流はしたい」とすごく言ってきました。

3回、面会しました。面会の間中、母の悪口をずっと言われ、「今、どこに住んでいるのか」と聞かれました。ストーカーされるんじゃないかと怖くなってしまい、「受験で忙しい」と以後の面会を断りました。その後は弟が月1~2回、面会していたのですが、やはりもう無理となって、弁護士に「反抗期になったので」と伝えてもらい、中止しています。ただ、この弁護士も男性で、「お父さんの気持ちを考えると、面会した方がいい」と言われました。

両親が別居してすぐ、私は精神的に限界でしたが、高校の先生は相談に乗ってくれず勉学にもついていけなくなり、高校に行けなくなりました。私は不登校から脱却するために自ら通信制高校を探し、母は許可してくれました。しかし父は、「1回俺に会ってからでないと決めさせない」と言い張り、転学のために面会しました。結局「お金をそっちが出すならいい」と許可をもらいましたが、学校の決定すら両親の合意が必要なのかと絶望しました。大学についても父は「国公立しか許さない」と言っていました。私は給付型の奨学金をもらって、いま私立大に通っています。

弟は小学生の時に父に胸ぐらをつかまれて怒られたことがあり、父が苦手なようで面会交流からはいつも泣きながら帰ってきていました。弟は自分のことを上手く話せないタイプなので、ストレスが強いみたいです。その様子を弁護士にも話したのですが、「財産分与のためには会わせた方がいい」とアドバイスされました。私たちきょうだいの意見は聞いてもらえません。父と母と弁護士で面会について決めています。私たちの意見もちゃんと聞いてほしいと思います。

母は持病を抱えておりパートで介護の仕事をしていますが、収入は低いです。父は離婚をして家を売って財産が半々になるのがいやだと言っています。貧しい家庭に育ったのでお金に執着しているように見えます。家族でテーマパークに遊びに行った時のお金を財産分与から差し引くと言われたこともあります。養育費はもらえたとしても、きっと少ないし、どこかで滞ると思います。

すごく幼い時の離婚ならば、いつまでも自分にとっての父、母でいてほしいと願うかもしれませんが、私にはそういう気持ちは湧いてきません。

一緒に住んでいる人にしかわからないことがあります。たとえば私は月経前症候群（PMS）の症状が重い方なのですが、母は「お腹が痛い」といえば理解をしてくれます。また高校2年生の夏頃からストレスで過敏性腸症候群を抱え、特に転学する直前は毎日お腹を下していました。授業中も頻繁にトイレに駆け込んだり、外出してもトイレにこもったりしてしまうことが多く、一緒に生活していないと理解してもらえないこともたくさんあります。

でも、父にはわからないだろうし、そのことを伝えることすらしたくありません。体の具合や医療についての判断に一緒に住んでいない人が関わってくる必要を感じません。全く子どものためにならないと思います。

Dさん「『お母さんと一緒に死んでくれる?』と言われて」

かつて子どもだった40代女性です。

私は物心がついた頃にはすでに、父は毎日母を罵倒し、暴力を振るい、家具家財を破壊し、自分が一番家の中で偉いと言っており、私は父が大嫌いでした。

幼稚園の頃には、母はたびたび「お母さんと一緒に死んでくれる?」と私に問いかけ、私は「いいよ」と都度答えていました。私は川に飛び降りて死ぬのだと腹をくくっていました。母は私が「いいよ」と言うのを聞いて「このままではいけない」と自分を鼓舞し、離婚を決意したと言ってました。

小2のとき、父母は離婚調停中で別居していましたが、父が転校を許さなかったので、私は別居先から毎日始発電車に乗って通学していました。毎朝5時前に母に起こされ電車に乗り、一度父の家にランドセルを受け取りに行き、帰りもランドセルを父の家に置いてから帰宅していました。とてもしんどく、学校に行きたくありませんでした。父の家に出入りしても、父は私のために何もしてくれず、父の家は「40キロ先の物置」でしかありませんでした。父が転校を許さなかったのは、嫌がらせでしょう。しかし、誰も父を咎めませんでした。大人は無茶苦茶だ、子どもの事なんかちっとも思いやってくれない、と思っていました。

別居後も毎日「今日こそ父が死にますように」と神様にお祈りをしていました。当時、DVという言葉もストーキングという概念もありませんでした。バツイチという言葉もなく、離婚は社会不適応者のように言われている時代でした。苦しさを表現する言葉がなく、苦しみを誰にも訴えられず、理解も得られず、それも辛かったです。それどころか、即入院となる暴行を父から母が受けても、民事不介入を掲げて警察は家庭に入らず、父は傷害罪にも問われませんでした。父の乱暴は野放しで、誰も咎めません。その一方で、母と私は地獄のような苦しみを味わい続けました。

母が転職して転居することになったとき、現在のようにＤＶ避難中の家庭の児童の受け入れをする仕組みはありませんでしたが、校長先生が腹をくって私を秘匿扱いで小学校に受け入れてくれました。転校が決まったその日の夜、教頭先生が突然家庭訪問に来られました。母の尋常でない様子を見て励ましに来てくれたのです。「安心して子どもを登校させてください。守りますから」と。

まだまだ過去の話はたくさんありますが、共同親権が導入されたら、ＤＶ被害者は逃げ場を失い、監護親は責任感で子と心中すると思います。それしか苦しみから逃れる方法がなくなりますから。

離婚しても逃れられません。離婚済みの方が共同親権になれば、私の父が嫌がらせで転校を拒否したのと同じことをやって、子どもが苦しみます。不登校も増えるでしょう。正義感で子どもを守ろうとしたら学校管理者は別居親から訴えられることになるでしょう。だれも子どもを守らなくなります。父親の死を神様に祈ることで、私は自分の心が壊れても衝動を抑えていましたが、どうしようもなくなり、別居親を殺害する人も出てくると思います。

共同親権に大反対です。死者が続出することは確実だと断言します。

二　同居親の声

Eさん「共同親権にしていたら、子どもたちは大学に行けなかった」

私は22年前に3人の子どもを連れて離婚しました。

当時6歳の長男、3歳の長女、生後5か月の次女を連れ、まず別居からでした。

「3人の子どもの父親になる自信はない」と第3子出産の7日後に元夫から突然、離婚を告げられました。

本当の原因は元夫の不貞行為でした。後々のことを考え、調停離婚をしましたが、その中でもたびたび「子どもの親権はいらない」と言い続けて、「養育費も慰謝料も払いたくない」と言っていました。

こんなことが続き、調停のたびに、「この人と結婚したことは間違いだったのでは?」と自己否定に陥り、私の気持ちが乱され、裁判所に行くたびに体調が悪くなり、地獄の一年でした。

調停の結果、親権者は私と決まり、「養育費は子どもが満20歳に達する月まで1人月1万5000円、面会交渉（当時）は回数日時方法などについては子の福祉を慎重に配慮し、双方が事前に協議して定める」となっていました。慰謝料は300万円で10年間かけて月2万5000円を支払われることになりました。当時保育料が子ども2人で4万2000円（離婚して世帯主が変わったら保育料が上がってしまいました）、長男の小学校の給食費も足すと養育費のほうが安く、これだけの養育費では子どもたちは育てていけませんでした。

その後、養育費は遅れることはありましたが、支払われていました。

私は生活面でのストレスから、心身にいろいろな病気を発症しました。子どもを連れての無理心中も何度も考えました。体調の悪い私を見ると、子どもは何か察知して気をつかってしまいますので、子どもに心配をかけず、育てるしかないので絶対に子どもの前では涙は見せず、笑って生活することを心がけてきました。

子どもは頼れるのが母親しかいないので、私がいなくなると自分たちが路頭に迷うことを不安に思って生活していたと思います。その不安を消すためにも、いつも明るく元気に振る舞い、「あなたたちはかわいそうじゃないよ」と言い続け、子どもにはやりたいことを我慢させないようにしてきました。野球、新体操、チアリーダー、学習塾……お金は働けば何とかなるとダブルワーク、トリプルワークをしました。一番過酷な時期は、私の睡眠時間は平均2～3時間でした。

苦労してお金を貯めて大学の進学費用を用意しました。

長男が大学（私立）に進学したときに、下二人の娘も中学、高校に進学して経済的に大変だったので、離婚後初めて別れた夫に、私から連絡を取りました。報告を兼ね大学の学費の半額援助をお願いしましたが、元夫は「俺は大学なんて行く必要ないと思ってるのに何で学費を払わないといけないのか？　払う義務はない。払えないなら大学なんて行かなくていい」とはっきり言ったのです。

「子どもの夢に対して手伝おうともしないんだな、こんな人に頼むんじゃなかった」と思いました。

長男も「最低やな。二度と親と言わないでほしい」と父親のことを言いました。

もしこんな気持ちの元夫が共同親権を持ったら子どもたちを大学に行かせられなかったでしょう。大学に通うことができて、今社会人として生き生き過ごしている長男の姿は見られていなかったかと思うと恐怖です。親の事情で離婚するだけなのに、子どもの人生を壊すことはできません。

共同親権になったら国はそこまでの責任を持てるのでしょうか。

あるとき、次女が保育園でお父さんという存在を知り、「どんな顔してるか見たい」と言いました。生後5ヶ月から会ってない子を1人では行かせられないので長男、長女も一緒に父親に会いに行かせました。上の子はもともと嫌がっていたけどついて行ってと半ば強引に行かせてしまいました。

ところが、その年に一年生になったばかりの長女に対して、元夫、義父母が揃ってかなりからかったようで、長女は傷ついて号泣して帰宅しました。長男に何があったのか聞くと、「学校頑張っとるか?」と聞いて「頑張っとる」と言った長女に対し、みんなで、「そんなわけない、先生に怒られとるやろ?」としつこく言い続け、結果泣き出したとのことでした。腹が立ち、義母に連絡すると「小さい頃チャカチャカしてたからその印象で話したんだと思うよ」という答えに、「子どもは成長してるし3年ぶりに会ってそんな言葉がけはひどい」と伝えましたが、「そんな傷つくわけがない」と言われました。

長女は「二度と会いたくない」といいました。あれから17年たった今もあの日のことは鮮明に覚えているようです。今までも事あるごとにその時の話になると、「二度と会いたくないし、生きてるからどこかで会うかもしれないから死んでくれると一番心が救われる」とまで言います。当時「会いたい」と言っていた次女も、「ひとり親で育ってよかった」と言っています。父親として何もしない人ならいないほうがいいと言います。「父親がいたらそっちにお金を使われて私たちのしたいことができなかっただろう」と。

すべての子どもと別居親がいい関係にあるわけではありません。このような悪い関係で面会交流を強制的にさせた場合、子どもの心に大きな打撃を与えることになります。「子どもが宝、大切」というなら子どもの気持ち最優先で決められるようにしてほしいです。大きくなって自分で別居親に会いに行くのはいいと思いますが、嫌なのに無理やり合わせるのは、虐待と同じだと思います。

共同親権に断固反対です。

Fさん「暴力から逃れて子連れ別居。とても話し合いなどできない」

単独親権が望ましいです。

子どもが生後3ヶ月の時に、元夫から激しい暴力を受け、1年後に協議離婚しました。当時36歳、子どもが1歳でした。

結婚してから出産するまでにも、生活費を入れないなどの経済的虐待や、精神的・身体的な暴力を何度も受けていました。

出産後すぐに、息子の寝ている横で私の顔面や頭部をグーで殴り、その後、私を床に押し倒した後、両脚全体を何度も足蹴りされました。右耳の鼓膜は破れ、両眼のまわりと両脚は殴られた影響で黒紫色になり、両眼の眼圧も高くなりました。私は息子を抱いて交番に逃げようとしましたが、元夫が「今日はお前を殴り倒さないと気が済まない。息子を寝かせろ」と命令しました。「殴らないなら逃げないけど、殴るなら逃げるよ」と告げると、「殴らない」と約束しました。しかし、その後、玄関で私は立ったまま息子を抱っこしながら6時間も説教され、何度も元夫から謝罪を要求され、何度も謝りました。

何度も「誰のおかげで飯が食えると思ってるねん」と言われました。

この時に元夫が怒り出した理由は、営業の成績が悪いことで上司から叱責されたことにあります。それが嫌で仕事を休み続け、そのために会社から「仕事を続けるのか、退職するのか」

と迫られ、揉めていた最中だったからです。

元夫からは、「こんな状況では子どもの健康保険証が使用できないかもしれない」と言われていました。

子どもの3ヶ月健診を数日後に控え、元夫に保険証が使用できるのかを確認すると、「健康保険証は使えるかわからへん言うたやろ。何べん言わすんじゃ」といきなり私に殴りかかってきました。

「私が仕事に復帰するまでは退職しないでほしい」とお願いしましたが、元夫は「自分の父親と相談したから、もう仕事は辞める。お前が俺に仕事を辞めないで欲しいというのは、俺に死ねって言ってることと同じやで」と言われました。

そのとき、元夫の方から「もう離婚しかないな。子どもの親権はもらうからな」と言われました。「内孫だから子どもは俺のものだ。お前の親にとっては外孫だからかわいくないやろ」と決めつけられました。

「なんでそんな話になるの？」と聞いたところ、「お前が悪いんや」と夕方6時から翌朝3時まで説教が続きました。暴力も受けました。

「離婚とこちらから言ったら怒るんやろな。話し合いはできないやろな」と思い、女性相談センターに連絡し、警察にも相談して、子どもを連れて実家に帰りました。

そのときは、元夫が迎えに来て謝ってくれたら、自宅に戻るつもりでしたが、迎えに来るどころか、元夫の兄の結婚式に出席しろと連絡してきたのです。私の父が怒って、電話口で「殴って謝りもせんと、結婚式に来いとは何事だ」と言うと、「お前の娘が悪いんやろ」と激高し、「今からそっちに行くからな」と言われました。

警察に通報し、「家から離れた方がいい」と言われて、家族全員で1週間、親戚の家に避難しました。その間に「離婚しかない」と私の心が固まっていきました。

直接話し合うことは無理だったので、双方が弁護士を立てて話し合いを始めました。最初は弁護士同士で話し合っていたのですが、半年後には元夫とも、相手側の弁護士とも連絡がつかなくなり、こちら側の弁護士が「これ以上、無視を続けるなら調停か訴訟になりますよ」と告げると、やっと連絡が来る有様でした。

離婚の条件として、最初に提示した養育費と慰謝料を減額した上で、「分割払いにしたい」と言ってきました。取りはぐれることが明白だったので、約半分に減額し一括で払ってもらいました。400万円です。出産費用や一緒に暮らしていた時の生活費の未払いを相殺し、弁護士費用を払うとほとんど手元に残りませんでした。こんな金額では生活もできませんし、子どもの学費も払えません。法制審議会では、法定養育費について検討しているといいますが、子ども1人1万円程度というなら、バカにしているとしか思えません。

元夫は最終的に、子どもの親権や面会交流についても「いらない」と言いました。最初に「親権はもらうからな」と言ったのは私への嫌がらせだったのだとわかりました。

以後、元夫とは全く連絡をとっていません。

共同親権制度が導入されたとしても、私のようなケースでは、子どもの養育についての話し合いはできないと思います。たとえば子どもが病気の時に、単なる嫌がらせで「俺の言う通りにしろ」と医療を拒否したりしかねません。とても難しい。無理だと思います。

離婚時に、元夫は「僕の名字を名乗らないでほしい」と言ってきました。こちらが名乗りたいと言っていないにもかかわらず、です。子どもがまだ1歳だったので、難なく私の名字に変更することができましたが、学齢期だったら名字を変えにくかったかもしれません。これも一種の嫌がらせだと思います。

居所指定についても、引っ越しの時に警察に付き添ってもらったくらいですから、夫婦で協議して決めることはあり得ません。会社で叱責されたことがきっかけで妻に暴力を振るうのですから、仕事や何かで追い詰められたら、また押しかけてくるのではないかと恐怖を感じています。逐一話し合うのは無理で、会ったら殺されるとすら思います。

共同親権を選択した場合でも、監護者を必ず決めるような制度にすべきだと思います。

子どもは5歳になりました。今後、共同親権、共同監護が導入されたら、定期的に両親の家を行き来しないといけなくなり、子どもにかなりの負担がかかるでしょう。両親の住んでいる場所が同じ校区でなければ、通学も学業もまともにできるわけがありません。

両親に監護権を与えるのは、子ども中心に考えていないと思います。子どもが望むのであればお父さんのところに行ったり、お母さんのところに行ったりはあると思いますが、本人が望まないのであればそれはいらない。中学生ぐらいになったら、別居親との面会より、部活や友達づきあいを優先しても当たり前です。

最後に、家庭裁判所がDVを認定し、共同親権のケースから除外できるかどうかは疑わしいと思っています。

私自身もDV被害を受けましたが、いつどこで暴力を受けるかわからない状況でした。家中に監視カメラをつけるなどしない限り、証拠は残りにくいと思います。証拠がないからDV認定されないとなると、加害者側の思い通りの制度になると思います。共同親権が導入されれば、元配偶者間のトラブルで傷害事件や殺人事件に発展するケースが増え、さらなるDVを誘発させると思います。また、たとえDVの証拠が残っていたとしても、裁判所が「今現在、暴力がふるわれていないなら、今後もDVをしないだろう」という考えに至る理由が私には理解できません。DV加害者はほとんどの場合、繰り返すので、過去の暴力と決めつけてかからないでもらいたいです。

私のケースでは離婚時に保護命令が出ました。しかしそこに至るまでの家庭裁判所の協議で元夫は「反論文」を提出してきました。「こいつ（私のことです）も暴力を振るう」とか嘘ばっかり書いてありました。「どちらにも暴力がある」という言い分が通ったらどう判断されるのかと不安になりました。

子どもの父親なので、「悪く思ったらあかんな」と思うのですが、基本的に信頼できないのです。

Gさん「DVがあっても面会交流をさせられている」

結婚して半年ほどがたったとき、家に帰ると部屋中が荒らされていたことがありました。振り返ると、この頃からDVが始まったのだと思います。破かれた書類やごみがあちこちに散乱していました。

優しかった夫が部屋を荒らしたのです。相手は連日の帰宅時間が深夜を回るほど仕事が忙しい時期で、あまりに突然の変化だったため、何か精神的な病気になってしまったのかもしれないと思い、出来得る限りのことをして、相手の負担を取り除こうとしました。新婚生活では多くの家庭が配偶者とけんかを経験すると思いますが、我が家は一般的なものとは違いました。内容がささいなものでも、突然どなって怒られるようになりました。

相手が発言をしただけで、例えば、「この映画見てみたいな」と相手が言っただけで、見る約束をしたことになっていて、「なぜ映画館の予約ができていないのだ」と怒られるようなことも多かったです。初めは意見を言うこともありましたが、何を言っても、「言い訳するな」、「なぜ一言目にごめんなさいを言えないのだ」とどなられました。しゃくに障れば周りにある物を何でも投げました。夜通しの説教も何度もありました。

そんなふうに物を投げたり、どなられたり、夜通しの説教をされたりすることが怖くて、嫌で、私の意見は言わないで我慢した方がましだと思うようになり、私は自分の意見を言えなくなりました。気が付けば上下関係ができていて、意見を交換し合えるような対等な関係ではなくなっていきました。つらいことをつらいと、嫌なことを嫌だと、素直に言えない生活の中で、相手が寝ている横で声を押し殺して泣く日々を過ごしていました。

ですが、当時は相手が精神的な病気になってしまったかもしれないと思っていましたし、病が治るその日まで耐えようと、今は相手の気持ちに寄り添おうと、そんな気持ちで相手の不満や怒りを受け止めて、我慢していました。状況が悪化したりを繰り返したことも理由の一つです。今思えば、これはDVのサイクルであり、緊張期、爆発期、ハネムーン期をぐるぐるとしていたのだと思います。初めはそのサイクルが一周する期間も半年ほどと長くて、相手が優しくなるハネムーン期になると、精神疾患が治ったのだと密かに喜んでいました。

そんな中で子どもを授かりました。子どもが生まれてしばらくは穏やかな日々が続きましたが、私が恐れていた、DVのサイクルでいう爆発期はやってきました。そんなとき、夫婦関係に悩んでいる方のブログにDVやモラハラの情報が書いてあり、特徴がほぼ当てはまっていたことから、相手は精神疾患ではなく、私はDVを受けているのかもしれないと思うようになりました。DVの情報を調べて、普通の夫婦関係に戻るためにいろいろなことを試す日々が始まりました。ほぼ全ての情報に、身動きが取れなくなる前に一刻も早くＤＶ加害者から離れることと書いてありました。ですが、私は離婚を決意することはできませんでした。私自身が離婚というものに対して非常にネガティブなイメージを持っていたからというのもありますし、離婚やシングルマザーに対する偏見も気になりました。金銭的な不安もありました。子どもは両親そろって育てるべきだという固定観念にも私自身がとらわれていました。いつでも離婚はできるのだから、後悔のないように頑張ろうと自分を励ましながら過ごしました。

相手が家にいるときは、自分があるがままでくつろげる場所ではなく、緊張感に包まれる空間でした。普通に生活しているだけで、何をしていなくても、否定されるようなことも多くて、自尊心がずたずたになっていきました。自分が傷付いているのだなと気が付く心の余裕もだんだんとなくなっていきました。暴言が繰り返されても、それが不当でおかしいことだということも気付けなくなっていって、つらいことが当たり前になって、つらいと思う感覚さえも麻痺していきました。

ですが、体は正直で、相手が怒るたびに震えや腹痛、吐き気の症状が出るようになっていきました。ここまでに出た内容は全て精神的なＤＶです。今でもこの時点で、いやそれよりももっと早く逃げればよかったと悔やんでいます。ＤＶかもしれないと思い始めて3年ほどがたったときです。いつの間にか自分がなくなった状態になっていました。食事の献立も、着る服も、夫婦の会話でさえも、これなら相手は機嫌を損ねないかなと考えながら選ぶことが基準になるからです。自分を殺すことでしか結婚生活を続けることができませんでした。たとえ周りの人に離れた方がいいと助言をされても、自分を失っているときに、自分の気持ちさえも分からないのに、自分の意思を必要とする、逃げるとか離れるとか、そういった選択をすることはできません。自分の力だけで自分に関わる意思決定をする、そのような力はほぼ残っていませんでした。

精神的なDVは、やがて肉体的なDVに発展していきました。その頃にはもう殴られたり、蹴られたり、刃物を突き付けられたりしたこともありましたが、私が相手の気分を害してしまったのかもしれないと自分の非を探すようになっていました。結局は、子どもの前で骨が折れるほどの暴力を振るわれ、子どもも虐待を受けていたのですが、警察や弁護士が間に入るまで、離れる決断ができませんでした。

私が決断をできたのは、子どもを守りたいと思ったからです。自分のためではなく子どものためだからこそ、離婚を決意できたのです。面前DVといってDVを目撃した子どもや、虐待を受けた子どもへの影響があると聞きます。面前DVや虐待から子どもを守れなかった自分に、今でもすごく腹が立ちます。

私は、弁護士の先生が感心するほど、相手の加害の証拠を多く持っています。相手が暴れたときに撮っていた写真や、暴力を認めている録音、パワハラまがいの大量のLINE、骨折の診断書などです。それでも裁判で立証することはハードルが高いと感じています。投げて壊された物の写真を出しても、「俺はやっていない」と言われました。あざの写真を出しても、「自分でできたあざの写真だろう」と言われました。パワハラまがいのＬＩＮＥ攻撃は、「お前が怒らせたからだ」と言われました。当時２歳の子どもを平手打ちで投げ出すほどの虐待をしても、息ができなくなり顔色が変わるほどの虐待をしても、相手からすれば、それはしつけであり、男親として必要だったと言うばかりで、反省の言葉はありません。唯一裁判で認めた暴力でさえも、相手は「軽く蹴ったことは事実です」と言いました。

家庭裁判所での調査官調査で、子どもが相手からの私への暴力、自分がされた虐待について話したところ、「片親疎外が大分進んでいますね」と言われました。

最近、ＤＶについて勉強していて分かったことですが、ＤＶの加害者には自分の加害を認めない、責任転嫁をする、加害を小さく見せるという特徴があるそうです。ＤＶや虐待は家庭という密室の中で起こります。裁判で立証できるほどの証拠を残すことは、ほぼできません。第三者が目撃しているか、暴力を振るわれている最中の動画でもない限り、たとえ証拠があったとしても裁判で立証することは困難を極めるのだと実感しました。私は相手の目を盗んで証拠を残しましたが、今でもこのような行動に出たことが正しかったのか、危険を顧みずこのような行動をとってよかったのか、それは分かりません。それよりも、まず逃げて安全を確保するべきだったのではないかなと思います。たとえ被害にあっている人に出会ったとしても、「逃げる前に証拠を残すべき」と私は絶対に言えません。

このような状況でも、夫と子どもとの面会交流は当たり前のように家庭裁判所に強制されました。調停委員からは、「たとえ虐待やＤＶがあっても面会交流を拒否することはできない」と言われました。子どもは面会交流が終わるたびに情緒不安定になり、面会交流が終わって２日ほどは、家の中でも家の外でも私に抱っこをせがみ、片時も離れたくないそぶりを見せて、情緒不安定になります。

私自身も、面会交流の１週間ほど前から不安で怖くて体調を崩します。面会が終わっても、安堵感と恐怖にさらされたことで体調を崩します。月に１回の面会交流であっても、月の半分近くが体調不良で終わるのです。子どもを守るためには離婚をするしかないと思って離婚を選択したのに、面会交流がこのように強制されるのであれば、子どもを本当の意味で守ることはできないと痛感しました。

親子なのだから面会交流はさせるべきだとか、面会交流に応じないのであれば親権者として不適格だという原則を家庭裁判所から突き付けられて、面会を命じられれば同居親は拒否のしようがありません。子どもの最善の利益は守られていないのが現状です。

離婚調停から離婚裁判に移行する過程で、相手の主張が変わりました。書面には聞き慣れない、フレンドリー・ペアレント〔編者注：面会交流に積極的でフレンドリーな親を親権者にするという内容〕、連れ去り、実子誘拐、弁護士の洗脳という言葉が並ぶようになりました。その頃から相手が共同親権の導入を目指す活動をしていることが分かりました。「親子ネット」〔編者

注：「親子の面会交流を実現する全国ネットワーク」のこと」のホームページから抜粋した記事が書面に添付されるようなこともありました。

私と子どもは警察に保護され、相手から避難したにもかかわらず、相手は私を「子どもを連れ去った誘拐犯」だと、何度も警察を訪ねては、私を誘拐罪で逮捕してもらおうとしました。警察に保護されたとき、私が警察に、「以前からDVがありました」と話したことが、別に命に別状があったわけではないからDVではないと、虚偽申告罪でも私を逮捕してもらおうと相手には何度も警察に足を運ばれました。裁判所での裁判や調停は9件を超えました。法外な損害賠償請求もされています。相手の警察への訴えも、裁判所への訴えも、認められることはないかもしれません。ですが、相手の目的、ハラスメントは達成できている状況です。

離婚後の共同親権が制度化されれば、リーガルハラスメントの材料が増えて、もっと苦しめられることになるだろうと予想しています。DVや虐待を認めずに威圧的な言動を繰り返して重ねてくる人と、相互に協力が不可欠な離婚後の共同親権ができるはずがありません。連絡を取ることでさえも第三者を挟まないと怖いです。相手の名前を書面で見るだけで震えが出ます。このような状況で裁判所から離婚後の共同親権を命じられたらと思うと、怖くて仕方がありません。

ここからは私の気持ちです。現状でさえ、DVや虐待があっても面会交流は強制されていて、被害者や子どもが守られていない運用が続いています。被害者の存在を見て見ぬ振りをしないで、透明化しないでください。ここ10年近くの面会交流原則実施の運用で苦しい思いをしている被害者たちの調査をしてください。被害者と加害者を更に強く縛り付けるような法改正はしないでください。

離婚後の共同親権は多くの犠牲が出る制度だと、諸外国の運用からも分かっていると思います。法改正をするならば、DVや虐待の被害者を守る制度を先に確立して、確実に運用されてからでないといけないと思います。国連から勧告が出されていたと思います。共同養育、共同監護というのは今の民法766条でできると思います。

裁判所で争うような紛争性の高い元夫婦に離婚後の共同親権を強制すること、それが子どもの最善の利益になりますか。仲の悪い人たちの間を行き来させることが子どもの最善の利益になりますか。一緒に決めるという合意すらできないこじれた関係性の二人に、子どもの重要事項の決定をどのようにして共同させるのですか。協力関係を築くことができないのに共同親権を命じたら、子どもが板挟みになって、子どもの最善の利益は害されると私は思います。

Hさん「子どもが嫌がっても試行的面会に」

〔編者注：40代、子ども小学校高学年、数年前に別居後離婚〕

元夫は子育てにまったく関わらず、飲み会の翌日に約束していた親子遠足に行かなかったり、かっとなると物を壊したり皿を壊したりしていました。休みの日も勝手に出かけてしまっていなかったり。ある時酔って帰り、「お前が全部悪いんだ」と子ども部屋に怒鳴り込んできて、詰も通じず、「俺が悪いのか？　俺が死ねばいいのかよ！」とものすごい勢いで突き飛ばされ罵倒されました。私の背後に怯えて隠れていた子どもは「こわい、こわい」と泣いていました。

このままでは殺されるかもしれないと命の危険を感じたので、子どもと一緒に避難しました。その後元夫は離婚届にはサインしたので、養育費や面会交流は取り決めずに協議離婚しました。

その後、私は養育費・財産分与・面会交流の調停を家庭裁判所に申し立てましたが、養育費、財産分与の取り決めに関する話し合いは毎回後回しにされました。また元夫の払い渋りがあり、「まずは面会交流させなさい、会わせれば養育費を払う」と言われ続け話し合いは2年間かかりました。養育費の調停で、自営業をしている元夫が提出してきた収入は月13万円でした。離婚前私は自営業を手伝っていたので、「そんなはずはない、家賃だけでも10万円以上は払っていたのだから」と主張しても証拠がないと調停では信用してもらえず、養育費は1万5000円で決まりました。

もうお金はいいです、という気持ちになってしまいましたし、5000円、1万円上げるためにはまた半年、1年かかると弁護士さんからは言われたので、長時間いやな思いをしたくないと思い、それで決定しました。

「面会交流を決めなさい」と再三家庭裁判所で言われました。元夫からのDVを見ていた子どももいやがっていたのですが、家庭裁判所の調査官調査が入り、その後、試行面会をすることになりました（そのころ養育費も決まりました）。

会う当日まで子どもは「行きたくない」と言っていました。そして、面会中に、元夫が勝手に触ってきたりしたのがいやだったらしく、面会交流後、指を噛むようになり、手全体が真っ赤になってしまいました。医者に診断書をもらい、裁判所にも提出しました。

診断書を提出しても、家庭裁判所では、「子どもがいやがっているというが、お母さんが言っているだけではないか」と言われて、また「調査官調査をする」と言われました。

子どもが面会を「いやだ」と言っていたのに、聞いてもらえずに父親と会うことになったので子ども自身の不信感も募ったと思います。子どもは「なんで会わなきゃいけないの？」と言っていました。また私から離れなくなりました。

結局、元夫が急に、「間接交流でよい」と言い始め、現在は手紙が送られてくるだけになりました。

たかが一回の試行的面会交流だと思うかもしれませんが、子どもにとっては重大です。また大人全体への不信感にもなります。会いたくない、という気持ちを聞いてもらえなかったので傷ついてしまったのではないかと思います。

いまはお金がないけれど比較的平穏な生活を送っています。ストーカーをされることはないのですが、なにかの拍子に住所がわかってしまったり、居場所が知られてしまったりしたらどうしよう、と思うと怖く、安心できないので支援措置は毎年手続きしています。同居しているときに子どもに「介護をしてくれ」と言っていた人ですから、急にそういうことを思いつくのではないかと怯えています。

こんな状況なので、離婚後の共同親権など、できるわけがありません。また、親子の試行的面会交流を義務付けるのにも大反対です。

Iさん「子どもの希望の進学先を認めない夫と離婚」

子ども2人を連れて別居後離婚しました。元夫は、典型的なDV、モラハラ夫で、私や子どもたちのことを自分の所有物だと思っていて、「なんでもかんでもオレの言う通りにしろ！」というタイプで、私たちを支配していました。しかし、本人にその自覚はなく、オレのおかげでお前たちは何不自由なく幸せな生活を送れているんだぞと私たちに思い込ませようとしていました。

子どもの進学（中学校）に関して、元夫は、子どもの意思や気持ちを1ミリも尊重することなく反対し、オレのいうことをきかないやつの学費は払わないというスタンスを取り続けました。

元夫は転勤族で、1番上の子どもは、5校もの小学校に通いました（全て転勤に伴うものです）。子どもには、転校のたびに嫌だと訴えられ、そのたびに私は、「新しいお友だちができるよ。全国にお友だちができるなんて財産だよ」と説いてきました。一方で元夫に対しては、「子どもたちが落ち着いて1つの学校に通えるようにどこかに家を構えたい」と訴えていました。しかし、二重に生活費がかかるなんてありえない。お前たちはオレの行くところについてくればいいんだというスタンスのままでした。

1番上の子どもは行きたい中学校があり受験したいということだったので、私は最大限応援し、見事志望校に合格しました。しかし、元夫は「おめでとう」の一言もなく、もちろん入学金や制服代、授業料など必要な費用は、一切支払いませんでした。納付期限最終日の朝、子どもが直接父親に費用の支払いをお願いしたのですが、スルーして出勤していき、子どもは泣いていました。理由は、お金がかかるからということと転勤になったら私と子どもたちがついてきてくれなくなるからです。

私は、子どもが努力して志望校合格をつかみ取ったのにもかかわらず入学できないという事態を避けたく、自分の貯金を取り崩し、子ども3人を連れて家を出て、合格した中学校の近くに住むことを決意しました。

そして、その頃、子どもたちの銀行口座から当面必要な費用を下ろそうとしましたが、3人分のパスワードが変更されており、子どもたちのために貯金してきたお金はほぼ元夫に引き出されていました（のちに銀行に確認）。

その後は、「行くならお前と1番上の子どもだけで出て行けよ。下の二人は置いて行けよ」

とか、「さっさと出て行け」「出ていくなら離婚届書いてからにしろよ」「さっさと離婚届取って来いよ」とか、自分の思い通りに動かない私に対して暴言や経済的DVが一層激しくなりました。

殺されるかもしれないと感じるようになった私は、女性センターに相談しましたが、シェルターに入るためには学校には行けなくなるとか携帯電話が使えなくなるとかいくつものハードルがあり断念。警察への相談と弁護士の無料相談を開始しました。

結果、警察と弁護士、子どもたちの学校と幼稚園の協力を得て、まずは自宅から逃げることを最優先とし、夫が出勤中に家を出ることができました。帰宅した夫からはものすごい剣幕で着信やメールが届きましたが、全て弁護士を通すようにとして連絡を遮断しました。私と連絡がつかないとなると今度は、私の両親のところに「あんたたちは、娘をどんな育て方してきたんだ」と口撃を開始。両親を、娘の夫がいつ乗り込んでくるかわからないという恐怖の中に巻き込んでしまいました。

夫からは、自分が納得しないことには1円も支払わない経済的DVもされてきました。私は専業主婦でしたが、自分の携帯電話代は毎月自分で支払うようにと言われ続け、あとは、お酒を飲みたければそれは嗜好品だから自分の金で買えと、家のお金で買うことを許されませんでした。

離婚調停中も、シングルマザーのくせに子どもの習い事をさせるなんてお前はアホかとか、車がないと生活できない状況なのに車を持つなんて何を考えているんだとかののしられ続けました。

調停と裁判を経験し、2年かかってやっと離婚が成立しました。家庭裁判所の調停委員や調査官には、面会交流は子どもにとって大事であるということを口を酸っぱくして言われていました。特に、調査官からは、子どもは、どちらからも愛されていると感じることが大事であるから父親に会わせるようにという話を毎回されました。当時中学生だった1番上の子どもは、父親に会いたくないという意思表示をしていたにもかかわらず、その意思が尊重されないことに、理不尽さを感じていました。

離婚が成立する前に1度だけ面会交流を実施しましたが、1番上の子どもは、面会交流を終えて私と合流するなり「ママの文句ばっかり聞かされた」と人目もはばからず大号泣で、「もうこんなのしたくないよ。なんで会わなきゃならないの」と。とてつもない心の傷を負わされてしまいました。

これらを調停委員や調査官に伝えましたが、彼らのスタンスが変わることはなかったように感じます。

また、裁判では、当初、元夫が面会交流を主張していたものの、この面会交流後から主張しなくなり、取り決めなく裁判は終わりました（なぜ主張しなくなったのかはのちに判明しました）。

もし面会交流をすることになった場合子どもの負担がどれだけのものになるか、調停委員を含め裁判所の方々はわかっていないと感じています。子の福祉のためと言い、両親揃っていることが子どもにとって最大の利益だとお考えになっている方が多いという印象を持っていますが、それがたとえDVをする父親でも子どもにとっては必要なのでしょうか。子どもの意見が通らなかったことを経験してきています。

このような人と共同親権になった場合、意見は平行線のままで、子どもにとって重大な人生の岐路で最善の決断ができるとは到底考えられません。また、1つ1つ家裁の判断に委ねることになるとしたら、決定までにタイムロスが発生するのは明白です。

子どもの進学や、医療など、間に合わなかったらどうするのでしょうか。

現在、離婚後約2年半が経ち、支援措置を受けていますが、どこに住んでいるのか元夫にバレることになるとしたら、それは私たちの死を意味します。支援措置は1年に1回更新のタイミングで警察に相談に行かなければならないのが負担です。

実際に、元夫は私たちの居場所を探しているようで、私の実家に押し掛けて警察沙汰になったり、私の祖母宅や親類宅にしつこくアプローチしてきます。今度いつ現れるかもわからず、実家の両親が常にビクビクしながら生活しています。

要綱案の法定養育費は低い金額で決まるのでしょうか。1人1万円ということも聞きますがそれで何ができるというのでしょうか。子どもを育てるには相当の費用がかかるのに、裁判所も別居親もそれをわかっていないと感じています。

わが家の場合は、婚姻費用も養育費も支払いがなかったので、給料を差し押さえました。元夫の「婚姻費用や養育費をお前らに払うくらいなら仕事を辞めてやる」というセリフは何回聞いたかわかりません。しかし、粛々と強制執行をしました。

婚姻費用の際は、まだ裁判中であったため、弁護士に依頼しましたが、差し押さえたたびに発生する弁護士費用が痛かったので、養育費の際の給料差し押さえは自力でやりました。婚姻費用は全額回収済み、養育費はまだまだ回収が続きます。

しかし、時間も費用もかかり、大変でした。これは国がきちんと取立の制度を作るべきだと思います。子どもにしわ寄せがいくことをわかって欲しいです。

元夫は、養育費の額を下げたいがゆえに、裁判で突然、ある女性との間に産まれた子どもを認知したという戸籍謄本を出してきました。そして、「この離婚が成立したら再婚して、相手の連れ子とは養子縁組するし、子どもも生まれたから、お前たちに払う養育費なんかない」と主張してきたのです（だから裁判の途中で面会交流の主張をしなくなったのだと思います。とは言え、実家に来て子どもたちに会わせろと主張してきたりしたこともあり、今後も気が抜けません）。

子どもを道具としか思っていないこのような人間が、私の子どもたちの父親であることが無念でしかないのですが、やはりしわ寄せが行き着く先は子どもたちで間違いないと思います。

三　シングルペアレント101冊子「私たちの選択と決断」より

田中　志保

子連れ離婚を選んだ当事者の実態を知る人は少ないのではないでしょうか。当事者でもある筆者は2014年1月から1年をかけて静岡県中部地区に住む30代・40代の離婚したシングルマザー26人に聞き取り調査を行いました。その結果をまとめた冊子「プレシングルマザーヒントBOOK私たちの選択と決断」（以下、「私たちの選択と決断」）より一部を紹介します。

子連れ離婚の実態Ｉ
離婚原因は経済問題が絡んだ複合的なものが半数以上

離婚の原因について尋ねたところ、半数以上が「夫が必要な生活費を渡さない」や「夫の借金」等の「経済問題」を挙げ、その中で、同時に半数以上が「夫からの暴力もあった」と回答し、さらにその半数が「浮気もあった」と回答しています。また、「暴力（精神的・肉体的）」

と回答した全員も、浮気や経済問題などほかの原因を2つ以上挙げており、離婚の原因は1つではなく、様々なものが絡み合っています。

子連れ離婚の実態2

子どもへの悪影響を避けるために離婚を決意

子どもがいる中で離婚の決断をすることはそう簡単ではありません。「こんな状況はもう耐えられない。別れたい」という気持ちと「私が頑張ればなんとかなるかもしれない。やっぱり頑張ろう」という対極にある気持ちで揺れながら結婚生活を続け、ある日継続しかねる決定的な出来事が起こり、離婚を決意します。離婚の「意思が固まったのはいつ?」という質問に対して、「夫から自分への暴力を見ていた子どもが変な声をあげたり、震えたりして精神科に通い始めた時」「子どもが『パパ、ママを殺さないで』『ママ、もう頑張らなくていいよ』と言った時」「夫から子どもへの虐待がわかった時」等、父親から母親へのDVを見聞きした子どもの反応を見て離婚を決意したり、父親から子どもへの直接的な虐待がきっかけとなったり、「子どもへの

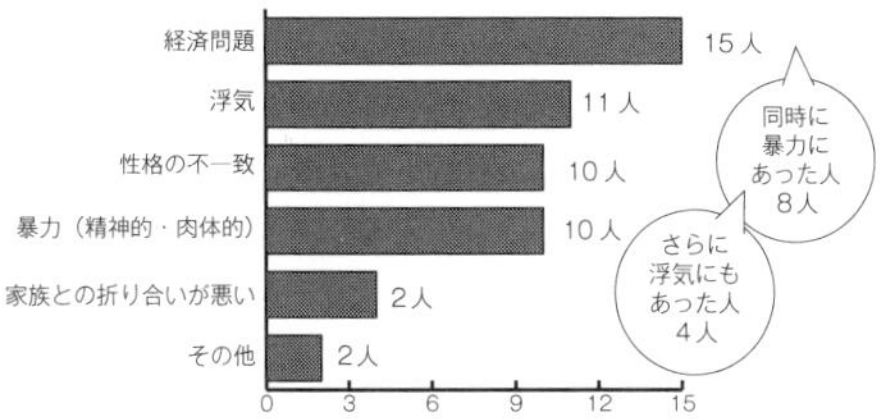

図　離婚の原因は何？（回答者26人・複数回答）
（「私たちの選択と決断」p.6）

悪影響を避けるために離婚を決意した」という回答が4割近くありました（「私たちの選択と決断」p.6）。

子連れ離婚の実態3
離婚成立まで数年かかる場合もある

離婚を決意すると、実家に戻ることを考えます。手持ちのお金がなくても雨風を凌げ、食べ物に困らず、子どもの面倒を見てくれる実家は最高のセイフティネットだからです。

実家で離婚調停を起こすための準備をしたり、就職活動をしたり、子どもの保育園申込み準備をしたり、新生活の基盤作りを同時進行で進めていきます。離婚を決意してから離婚成立までの期間は離婚の形態によってばらつきがありますが、協議での離婚成立が見

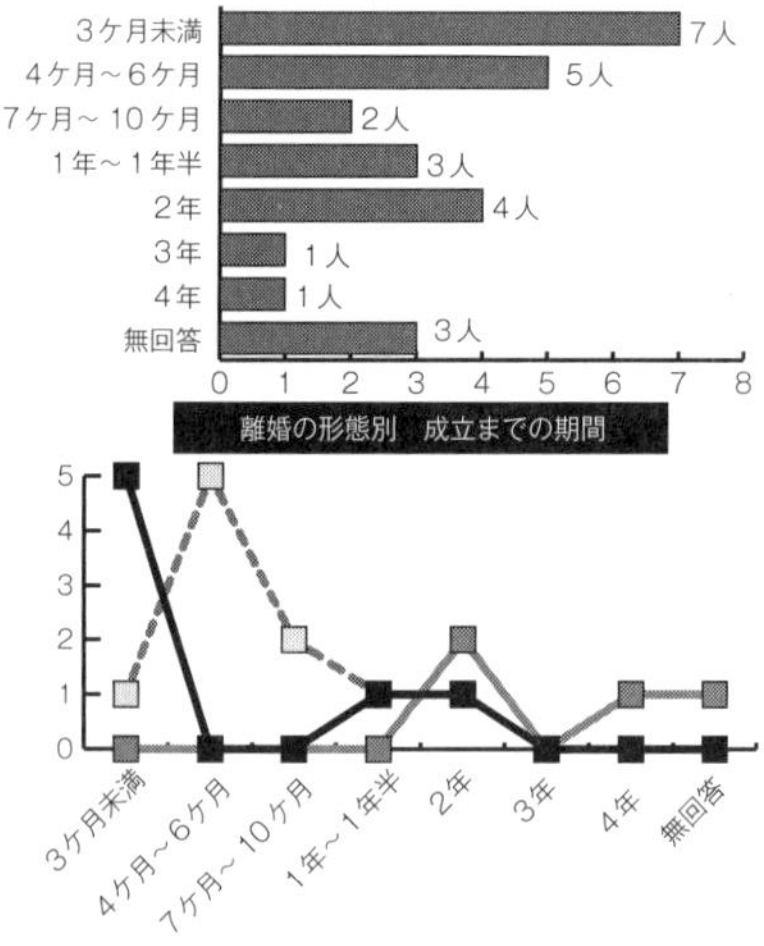

図　離婚のアクションから離婚成立までの期間は？
（回答者26人）（「私たちの選択と決断」p.24）

込めない場合は長期戦になる場合が少なくありません。

「協議」で最も多い回答が3カ月未満、「調停」で最も多い回答が4カ月から6カ月、「裁判」になると1年半から3年と時間がかかっています。また「調停」は月に1回の頻度のため、埒が明かず、調停をやめ、弁護士を介した「協議」に切り替え、離婚を目指した人もいました。一定の収入以下のひとり親世帯が受給できる児童扶養手当は、婚姻中の場合でも「裁判所から保護命令が出ている」等、要件に該当すれば受給できますが、基本的には法的に離婚が成立しないと受給できません（「私たちの選択と決断」離婚成立の形は？ p. 16、離婚のアクションから離婚成立までの期間 p. 24）。

子連れ離婚の実態4
離婚時に優先させたかった権利は「親権」

子連れ離婚の条件として、「親権」を優先させたかった人が96％（複数回答）でした。理由を聞いたところ「DV夫に子どもを渡したくなかったから」「相手に子どもを渡したらどんなふうに育つかわからない」「子どもへの暴力が原因だったので

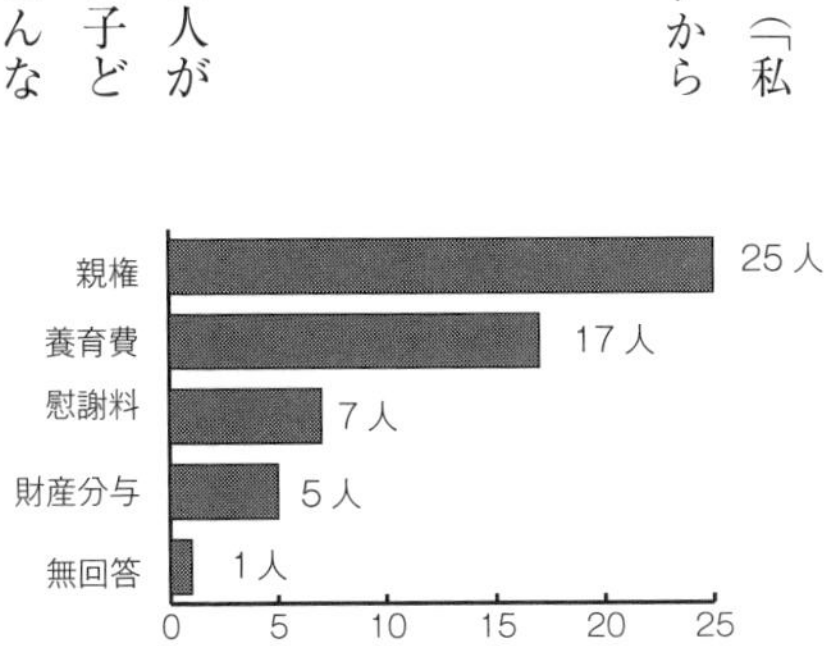

図　離婚時に優先したかった権利は？（回答者26人・複数回答）（「私たちの選択と決断」p.22）

親権は渡せなかった」「とにかく娘を守るために離婚したかった。夫が娘に手を出すかもと心配があった」など相手の暴力から子どもを守るために「親権」を望んでいたことがわかります（「私たちの選択と決断」離婚時に優先させたかった権利は？ p.22）。

子連れ離婚の実態5
離婚後にも元夫とのトラブルがあったのは半数以上

離婚成立後に元夫とのトラブルがあったかどうかという質問に対して、6割が「あった」と回答しました。「子どもの保険証を会社に返してくれない」「面会時に、元夫の引っ越し時のハウスクリーニング代と調停で離婚成立した日の朝にかかった子どもの病院代を『俺の子じゃないから』と請求された」「元夫の家賃滞納の督促がこちらにきた」「メールの返信が遅いと頻繁にメールがくる」等、法的に離別しても、元夫婦の力関係は婚姻時のまま、不均衡が続いています。およそ協力できる間柄ではありません（「私たちの選択と決断」離婚後の元夫とのトラブルは？ p.28）。

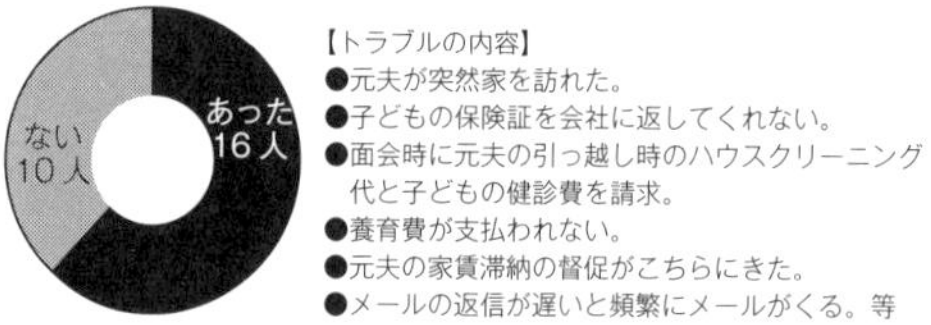
あった
16人
ない
10人
【トラブルの内容】
●元夫が突然家を訪れた。
●子どもの保険証を会社に返してくれない。
●面会時に元夫の引っ越し時のハウスクリーニング代と子どもの健診費を請求。
●養育費が支払われない。
●元夫の家賃滞納の督促がこちらにきた。
●メールの返信が遅いと頻繁にメールがくる。等

図　離婚後の元夫とのトラブルは？（回答者26人）
（「私たちの選択と決断」p.28）

子連れ離婚の実態6

取り決め後に面会交流をしていない理由は「元夫」の意思

離婚時に6割が「面会交流の取り決めをした」と回答しましたが、そのうちの6割が現在は「実施していない」と回答しました。理由を聞いたところ、「元夫が子どもに会いたいと言わない」「元夫が再婚し、中止をしてきた」「養育費アップを要求したら『払えるようになるまで会えない』と元夫が言ってきた」と「元夫の意思で面会を実施していない」という回答が目立ちました。また、離婚時に「取り決めをしていない」理由として「元夫が希望していなかった」という回答が多く、子どもとの交流を望まない父親が多いことがわかっています（「私たちの選択と決断」現在、面会交流をしている？ p.32）。

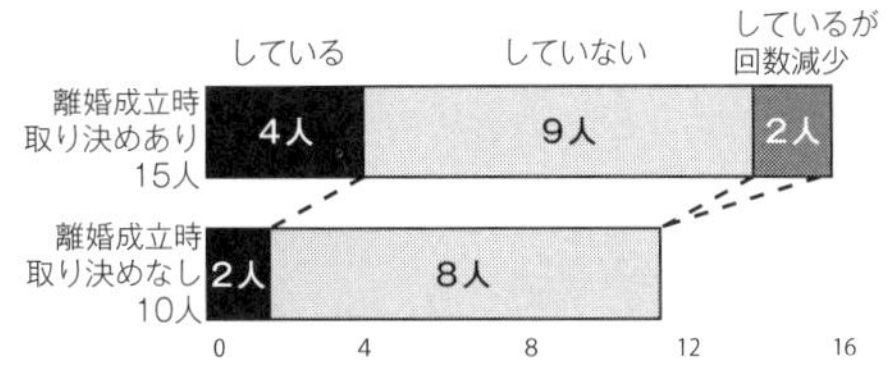

図　現在面会交流を実施している？（回答者26人）（「私たちの選択と決断」p.32）

このような現状で、共同で物事を決めるよう強制する仕組みは、再び親子を混乱に引き戻します。離婚後共同親権が、子どもの利益にかなう法律になるとはとても思えません。

第四章　ひとり親世帯の貧困と家族法制の見直し

――省庁横断的な対応を

大石　亜希子

はじめに

令和４年版「男女共同参画白書」は、「もはや昭和ではない」を標語として、人生や家族の多様化を前提とした社会への転換を提唱している。６月に公表された政府の「女性活躍・男女共同参画の重点方針２０２２」（女性版骨太の方針２０２２）では、女性の経済的自立を果たすために、男女間賃金格差の是正や税制・社会保障制度の見直し、さらにはひとり親支援の強化も掲げられた。

日本のひとり親世帯数は１３４万世帯（２０２１年）で、およそ30年間に１・４倍に増加している（厚生労働省「全国ひとり親世帯等調査」）（注１）。２０２０年の「国勢調査」によると、15歳未満の子供の８・７％がひとり親世帯で暮らしている（注２）。婚姻数の減少を受けて離婚件数は２０００年代初頭から減少傾向にあるとはいえ、足元でも年に20万人弱の子供が親の離婚を経験している（図１）。

そうしたなか、国会では、家族法制の見直しについての議論が進められている。とくに注目されるのは、従来の単独親権だけではなく、共同親権の導入を内容としていることで、今後の家族やひとり親世帯の生活に大きな影響が及ぶものとみられる。本稿では法律的な議論の詳細には立ち入らず、主に経済学的な観点からひとり親世帯（とくに母子世帯）の経済状況と、制度面での課題について論じていきたい。

図１　親権を行う子供のいる離婚件数と子供数

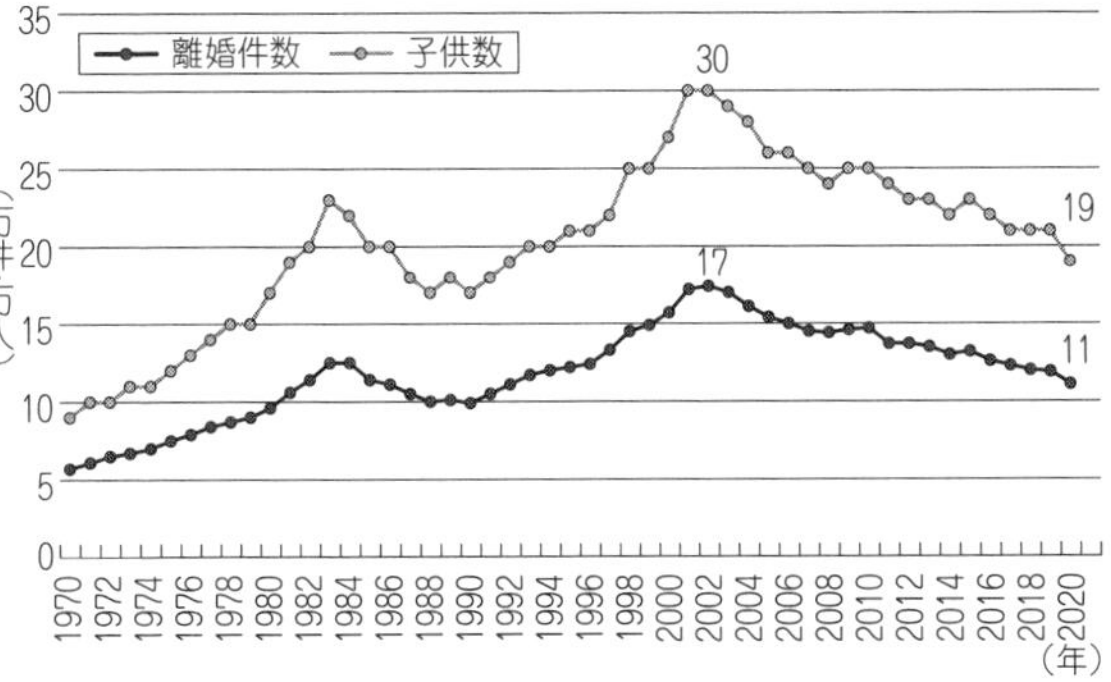

（資料）厚生労働省「人口動態統計特殊報告」

1　ひとり親世帯の現状

日本のひとり親世帯の貧困率は、ＯＥＣＤ諸国のなかでも高位にある。特徴的なのは、親が働いているにもかかわらず貧困なことで、ひとり親の就業率は80％以上と、国際的にみても顕著に高い（内閣府２０２２）。それにもかかわらず貧困率が高い背景には、以下の要因がある。

第一に、非正規雇用の比率が高い。ひとり親世帯の９割弱を占める母子世帯の場合、母親の38・８％はパートやアルバイトなどの非正規雇用で働いている。非正規雇用者の賃金はおおむね低いため、母子世帯の平均的な年間就労収入は２３６万円にとどまる。ただし、非正規雇用比率が高いのは日本の女性労働者全体にあてはまることであり、母子世帯の母親がとくに非正規雇用に偏っているわけではない。また、就労収入が少ないのは労働時間が短いためではない。一般的な既婚女性パート労働者は年間１０００時間程度就労するケースが多いが、母子世帯の母親は正規雇用・非正規雇用にかかわらず、年間２０００時間程度就労しているケースが多い（大石２０１８）。男性のフルタイム労働者とほぼ同じ時間数働いても、日本では男女間の賃金格差に加えて正規・非正規間の賃金格差も大きいため、母子世帯の収入は低いのである。

第二に、母子世帯の母親に限らず、女性労働者の多くは年功的な賃金体系を適用されていない。男性の正規雇用者の場合、企業内での職業スキル蓄積を反映して、年齢や勤続年数に応じて賃金が上昇していくという年功賃金カーブが観察される。一方、女性の場合、企業内での教育訓練機会が限定されたり、出産・育児に伴うキャリアブレイクが生じたりしがちなために、職業スキルの蓄積が難しい。そのため、女性労働者の賃金カーブはフラットなままである（図2）。例外は大卒女性であるが、このグループにしても、大卒男性と比較すれば賃金の年功度は非常に低い。このような賃金体系のもとでは、母子世帯になってからの年数が経過しても、増収はほとんど見込めない。その一方で、子供の成長とともに教育費や生活費は増加するので、家計が逼迫する。

第三は、養育費の支払いが低調なことである。日本では協議離婚が離婚全体の9割を占め、子供がいる場合でも裁判所が関与する離婚は少数である。そのため、養育費や面会交流の取り決めをせずに離婚するケースが依然として多い。2012年4月の改正民法施行により、協議離婚の際には、子供の監護者（親権者）を決めるだけでなく、面会交流や養

図2　学歴、性、年齢階級別賃金(2021年)

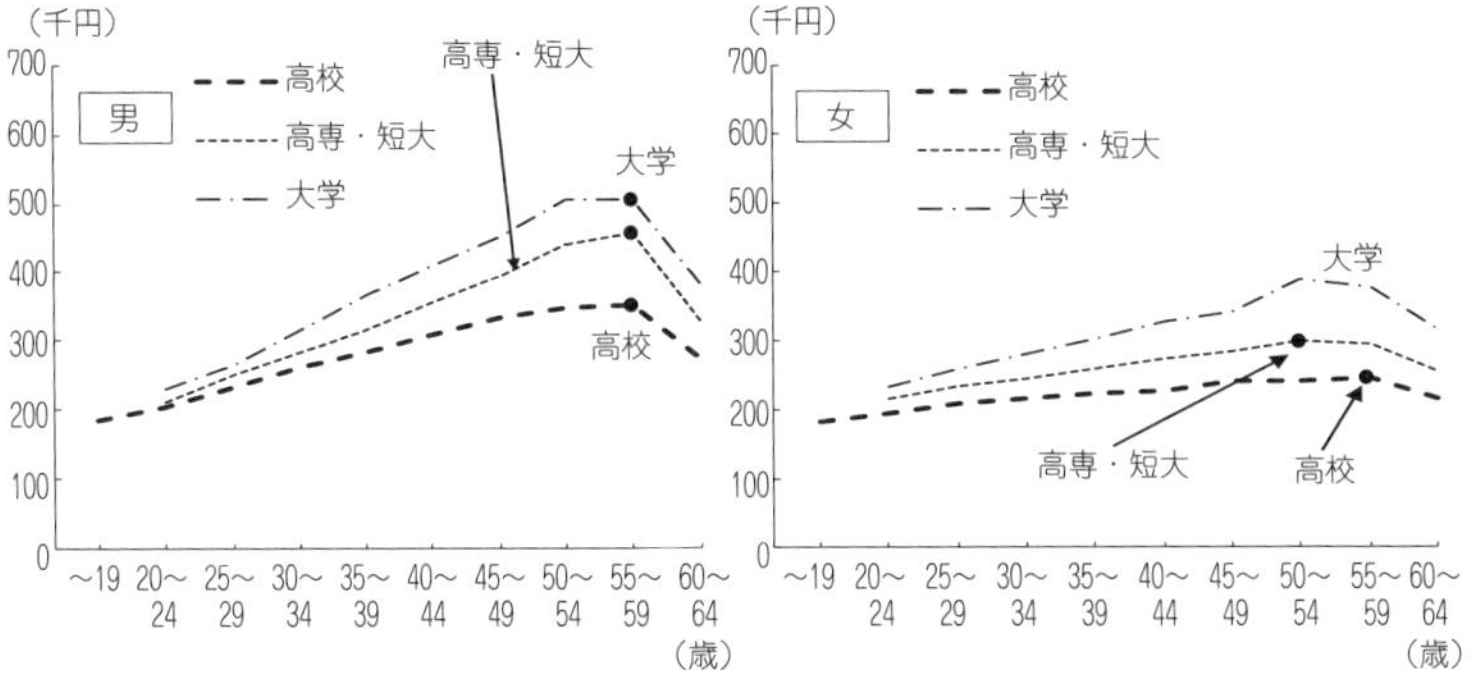

(資料)厚生労働省「賃金構造基本統計調査」

育費の分担についても「子の利益を最も優先して」定めることとされた。これに伴い、離婚届に養育費や面会交流についての取り決めをしているかどうかのチェック欄が設けられ、離婚届を出す際には、義務ではないものの、「子の養育に関する合意書」の作成が勧められるようになった。しかし、厚生労働省「全国ひとり親世帯等調査」によると、2021年時点で、協議離婚でひとり親世帯になった親のうち、養育費の取り決めをしているのは母子世帯で46・7％、父子世帯では28・3％にとどまる。しかも、離別した側から実際に養育費を受け取っている割合は母子世帯で28・1％、父子世帯では8・7％に過ぎない。

2　家族法制の見直しと税制・社会保障制度

今回の民法改正を巡る国会審議においては、改正による親子の生活への影響について、国民に十分な説明・周知が行われていない状況が明らかとなった。たとえば共同養育が広まったり、養育費を受領するひとり親世帯が増加したりするときに、現時点では想定していないような制度運用上の問題が生じたり、人々の行動変容が起きたりする可能性はある。とくに税制や社会保障制度は、ひとり親世帯の貧困と密接に関係する領域なだけに、さまざまなケースを想定して検討しておくことは重要である。

現行制度では、ひとり親世帯にかかわる税制上の諸控除の適用や、児童手当などの社会保障給付は、親権の所在によって受給者が決まるのではなく、生計維持関係や同別居状況を勘案して決定されている。また、現在の単独親権のもとでも、共同養育は可能である。その意味では、本稿で指摘する課題は、仮に共同親権を選択可能にしたとして、その際に初めて生じる問題なのではなく、現行制度のもとでも発生している問題であるという点に注意が必要である。現状では共同養育を実施しているケースが少なく、養育費の受領率も低いために問題が表面化していないのだとみられる。しかし今後、法改正が契機となって、これまでよりも広く共同養育が行われたり、養育費受領率が上昇したりすれば、問題が顕在化する可能性は高い。

たとえば児童手当は、生計を同一にし、監護（監督と保護）をする者に支給され、児童を養育している者が複数いる場合は、原則として「生計を維持する程度が高い者」（一般的には、父母のうち所得の高い者）に支給されている。ただし、離婚や離婚協議中のために別居し、両親が生計を同じくしていないような場合は、同居している親が児童を養育していると考えられることから、同居親に支給するという取り扱いがなされている。また、児童扶養手当は18歳に達する日以後の最初の3月31日までの間にある児童（障害児の場合は20歳未満）を監護する母、監護し、かつ生計を同じくする父又は養育する者（祖父母等）が支給対象者となる。このように、これらの制度では親権の所在ではなく、生計維持関係や同別居状況で支給対象者を決定している。

しかし、仮にまったく同収入の父母が離婚し、子供が1週間ごとに父親と母親の家で暮らすような、完全に半々の形での共同養育が行われた場合、児童手当や児童扶養手当は制度の趣旨に照らしてどちらの親に支給すべきであろうか。これは極端な例としても、さまざまな形の共同養育が広まれば、程度の差はあれ社会手当を巡る問題が生じて対応が必要となるはずである。

つぎに、所得税における控除の問題がある。子供や配偶者など親族を養う者は、同じ所得の単身者と比較してより多くの生計費がかかるため、担税力を調整する目的で扶養控除が設けられている。控除対象扶養親族に該当するのは16歳以上の者で、一般扶養親族（16歳以上19歳未満、23歳以上70歳未満）は1人につき38万円、特定扶養親族（19歳以上23歳未満）は1人につき63万円を所得から控除することができる。扶養控除の適用を受ける場合、納税者とその扶養親族は同一生計であることが必要であるが、同居している必要はない。たとえば別居親が養育費を支払っている場合、それが①扶養義務の履行として、②「成人に達するまで」など一定の年齢に限って行われるものである場合には、その支払われている期間については、原則として「生計を一にしている」ものとして扶養控除の対象とすることができる。

さらに、2020年分以後の所得税については、婚姻歴の有無や性別にかかわらず、生計を一にする子（前年の総所得金額等が48万円以下）を有する単身者について、「ひとり親控除」（控除額35万円）が適用されるようになった。

現状では養育費を支払っている別居親が少ないため、子供と同居して養育している親が扶養控除の適用を受けているケースが多い。しかし今後、養育費を支払う親が増加したり、共同養育が広まったりすれば、父母のどちらを同一生計と判断し、扶養控除やひとり親控除を適用できるようにするかはかなり重要な問題となってくる。

というのも、控除の適用を受けられるかどうかによって、税法上の所得金額が変わるからである。それによって、所得制限のある制度の利用可否や、児童手当・児童扶養手当の額が左右されるようになる。表は、未婚のひとり親に対して寡婦（夫）控除のみなし適用をしていた際に、適用対象となっていた子供関係の事業をリストしている（注3）。子供関係以外にも、障害関係では特別児童扶養手当等給付諸費、障害者自立支援給付費負担金など7事業が、また、健康関係では難病医療費助成制度、小児慢性特定疾病医療費助成制度など10事業がみなし適用をすることとされており、所得控除の有無の影響が多岐にわたることが分かる。

所得控除の有無は、ひとり親世帯の子供の進学

表　未婚のひとり親に対する寡婦（夫）控除のみなし適用の対象事業　子供関係

事業等名	適用内容
子供のための教育・保育給付交付金（※1）	利用者負担額の決定
高等職業訓練促進給付金	給付額の決定
ひとり親家庭等日常生活支援事業	利用料の決定
児童入所施設措置費等	徴収額の決定
未熟児養育医療費給付事業	徴収額の決定
結核児童療育給付事業	徴収額の決定
児童手当（※1）	手当の支給を制限する場合の所得の額の計算方法
児童扶養手当（※2）	手当の支給を制限する場合の所得の額の計算方法

（※1）内閣府予算に計上　（※2）養育者及び扶養義務者

（出所）内閣府「子供の貧困対策に関する有識者会議」第7回配付資料（2018年7月13日）https://www8.cao.go.jp/kodomonohinkon/yuushikisya/k_7/pdf/ref2-2.pdf（2022年11月16日アクセス）

面にも影響しうる。2020年4月からスタートした文部科学省の「高等教育の修学支援新制度」は、大学等の授業料・入学金の免除または減額と、日本学生支援機構の返済義務のない給付型奨学金の支給という、二つの支援を内容としている。支援の対象者は、住民税非課税世帯（第Ⅰ区分）および準ずる世帯（第Ⅱ・Ⅲ区分）の学生であるが、ここでも所得控除の有無によっては適用区分が変わり、受けられる支援が大幅に少なくなる可能性がある。

注目されるのは、教育支援関係では、親権の所在が重視されていることである。たとえば高等学校等就学支援金制度では、父母が離婚して父に親権があるものの、実際の養育は母がしているようなケースでも、原則として親権者である父の税額をもとに就学支援金の支給額を判断している（注4）。このように、制度によって親権の所在の重要度や、生計維持関係の判断基準が異なっていたりすることは、子供に大きな負担を強いるものと言わざるを得ない（注5）。

3　養育費と共同養育

養育費が子供の経済状況にもたらす影響について、具体例で考えてみよう。

いま、16歳の子供1人を養育している母子世帯の母親の所得が児童扶養手当の全部支給所得制限限度額ぎりぎりであったとしよう。ここで離別した父親（配偶者なし・合計所得500万円以下とする）から月1万円の養育費を受け取れるようになると、税務上は父親と子供が同一生計と判断されるので、扶養控除とひとり親控除は父親に適用されるようになる。これによって母親側は所得控除を失うため、児童扶養手当の算定基準となる所得が73万円（38万円＋35万円）増加するのに加えて、養育費の8割が所得として算定され、児童扶養手当は月額で2万円近く、年間で23万円ほど減額になる。これに控除を失ったことによる所得税の増税分を加えると、母子世帯の年間可処分所得は30万円程度減少する。一方、別居父親は年間12万円の養育費を支出するものの、その大半は控除適用による減税で相殺され、年間可処分所得の減少は5万円弱にとどまる（注6）。

このように、現行制度とその運用のもとでは、親責任を果たそうとする父親の望ましいはずの行動が、逆に子供の生活水準を引き下げる結果をもたらしかねない。これでは父母双方に養育費を支払う・受け取るインセンティブが湧かず、とくに低所得の父母ほど、養育費の授受に消極的になると予想される。養育費の確保と母子世帯の経済的自立を提唱する「女性版骨太の方針」との整合性が問われる。

養育費の問題は、共同養育の可能性を考慮するとさらに複雑化する。経済学的にみると、子育て費用には、住居費のように固定的な部分と、子供と過ごす時間に比例して増加する部分とがある。時間比例部分には、食費などの直接的な費用も含まれるが、もっとも大きな部分は機会費用、すなわちその時間を労働に充てていれば得られたであろう賃金が占める。一方の親が単独で養育する場合と比較して、共同養育は時間比例部分の費用をシェアできるという利点がある。しかし、固定的な費用（たとえば子供部屋を用意するために要する家賃の増分など）は双方の親に発生するため、どちらの親についても、婚姻中よりも子育て費用は増加し、生活水準の低下は避けられない（Bartfeld et al. 2020）。

そうしたなかで、時間比例部分の費用負担増加に応じて、養育費を減額したいという希望が出ることは十分にあり得る。仮に、月5万円の養育費を支払っていた別居父親と、子供を単独で養育していた母親が共同養育に着手したとしよう。両者の時間あたり賃金は、父親が２０００円、母親は１５００円と仮定する（これは日本の正規労働者の男女間賃金格差を反映している）。父親が月20時間養育に関わるようになったとして、その時間分、養育費を減額できるとすると、養育費の月額は1万円となる。一方、母親は子供の手が離れる20時間を労働に充てれば、3万円の追加的な稼働収入を得られるが、母親の世帯としては共同養育をスタートさせる前よりも1万円の減収となる。つまり、労働市場に構造的な男女間賃金格差が存在するために、共同養育を行うことで子供の生活水準が低下する事態が生じうる。そうした事態を防ぐためには、父親側が養育費の減額を控えて、自らの生活水準低下を甘受することが必要となる。

なお、ここまでの議論はあくまでも経済面に限定したものであり、養育費の受領や共同養育によって、父母それぞれの生活満足度や子供の心理や発達に及ぼす影響については考慮していない。しかしそれは決して心理面等の影響を軽視しているわけではなく、別途、専門家によって十分な検討がなされるべき重要な問題であることを指摘しておく。

4　むすびにかえて

日本の税制は、原則として個人単位ではあるが、配偶者控除にみられるように部分的には世帯単位の色彩を濃くもっている（大石　２０１０）。また、社会保障制度は、第３号被保険者問題にみられるように世帯単位で設計されており、その根底には男性稼得者中心主義の発想がある。これは令和４年版「男女共同参画白書」が呼ぶところの「昭和モデル」であるが、「昭和モデル」を婚姻関係が破綻した離別父母にも擬制して運用しているために、さまざまな齟齬が生じている。「白書」では「世帯単位から個人単位への移行」が提唱されているが、今後ひとり親世帯の貧困対策を進めるにあたっては、子供を個人としてとらえ、親ではなく子供に対する給付という視点で制度整備を進めることが重要である。とくに、各種制度の適用が受けられる所得限度額前後で、子供の経済厚生が変動しないような工夫が求められる。そのためには、税制、社会保障制度、医療制度、教育支援、住宅支援の専門家および行政担当者からなる省庁横断的な検討会を設け、離別世帯の多様化を踏まえた制度運用面での課題の洗い出しと対策をとることが望まれる。

参考文献

・大石亜希子（２０１０）「社会保険・税制におけるジェンダー」木本美喜子ほか編『社会政策のなか

のジェンダー（講座　現代の社会政策 第4巻）』明石書店158―179頁
・大石亜希子（2018）「シングルマザーは働いていてもなぜ貧困か」労働政策研究・研修機構編『非典型化する家族と女性のキャリア』（第7章）労働政策研究・研修機構、pp. 134-161.
・内閣府（2022）「令和4年版男女共同参画白書」
・Bartfeld, J., & Chanda, T. (2020) . 2018–2020 Child Support Policy Research Agreement Task 13: Shared Placement and Post-Divorce Economic Well-Being.

注

(1) 「全国ひとり親世帯等調査」における母子（父子）世帯の定義は、父（又は母）のいない児童（満20歳未満の子供であって、未婚のもの）がその母（又は父）によって養育されている世帯である。母子又は父子以外の同居者（たとえば祖父母）がいる世帯も含んでいる。

(2) これには祖父母が同居するタイプのひとり親世帯は含まれていない。

(3) ひとり親控除の新設により、このみなし適用は廃止された。

(4) 高等学校等就学支援金制度に関するQ&A (https://www.mext.go.jp/a_menu/shotou/mushouka/detail/__icsFiles/afieldfile/2014/02/06/1343868_02.pdf)（2024年4月14日アクセス）では、DVや児童虐待のケースを除き、親権者全員の収入によって、就学支援金等の受給資格を判断するとしている）。

(5) ここで挙げた制度のほかに重要なものとしては公営住宅に申し込む際の所得制限がある。

(6) 日本では税額控除ではなく所得控除が多用される傾向にあるが、所得控除には高所得者の納税額をより多く減らすという逆進性がある。

第五章　加害者は変わることができるのか

中川　瑛

共同親権とＤＶの問題は切り離すことはできない。今回の民法改正案では、ＤＶの際には単独親権と家庭裁判所が決めることが記されているからである。ＤＶをどのように認定していくかという問題もあるが、実際のところ、読者にとってＤＶ加害者とはどのような人であり、どのような思考、心理であるかは関心のあるところであろう。

本章では、かつてＤＶ加害者であったことを自覚し、現在はＤＶ加害者の自助団体ＧＡ《ガ》Ｄ《ド》ＨＡ《ハ》を立ち上げて、その変容のために活動されている中川瑛さんに、ＤＶ加害者がどのように考え、そして変容のために何が必要かを論じていただいた。

Ⅰ　自分の加害に気づく

僕はモラハラ・精神的ＤＶの加害者です。「元」加害者ということではなく、今も自分の中にある攻撃的な側面とずっと向き合い続けながら生きている人間です。

今回は当事者から見て加害者とは一体何者なのかということや、加害者が変わることが本当にできるのかと、できるとして、それはどういうプロセスかについて、お話しします。

自己紹介から始めていこうと思います。小さなコンサルティングの会社を経営しております。僕は妻のことをすごく好きで大切にしているつもりが、今振り返ると本当に加害的なことをたくさんしていました。

例えば妻が仕事でしんどくなっていて休んでいる時に「今のあなたの状態っていうのは、キャリア理論だとこういう状態で、次こういうことをすればその状態を変えられるはず。これができないのだったら、それができないのはなぜかを考えて、それを解決しないといつまでもそのままだよ」と何度も妻に伝えていました。「早く元気になってほしい」という気持ちからだと、当時は思っていました。しかし、一見相手のためを思っているかのような形で、僕は妻を追い詰めていました。妻の「そんなこと分かっているけどできない」という苦しみを僕は全くわかっていませんでした。

今振り返ってみると、僕のニーズは、「早く元気になって僕をケアしてほしい。あなたが疲れて元気がない状態でいないでほしい。だってあなたは僕をケアする人のはずだから、そうなるように努力しないといけない。その努力をしないことは怠慢である」でした。でもそのことに自分では無自覚で、良かれと思って励まして応援しているつもりでした。僕は妻を「自分にとっての理想の妻、理想のパートナー」に変えようとしていたと、今振り返って思います。

つまり、ここには二重の問題があります。1つは「相手のためを思って」「良かれと思って」と相手を追い詰めているというもの。もう1つは、実際には相手のためを思っておらず、自分にとって都合の良いことを要求しているだけで、それに無自覚であるというものです。だからこそ、相手が泣いたり怒ったりすることは「間違っている」「おかしい」ことであり、自分こそが相手を傷つけていたにも関わらず、自分を被害者だとさえ思っていたのです。

僕はパートナーを変えようと思っていました。教えてあげる、というような上から目線のスタンスでさえありました。

しかし、そんな関わりを繰り返していた中で、次第に自分こそが問題を抱えていて、自分が向き合わなくてはいけない問題なんだと気づいていきました。そこから関連領域の知識をいろいろ学んだり、カウンセリングに行ったりする中で、変化が生まれていきました。

最近すごく印象的な言葉をパートナーからもらいました。「昔はお正月とかクリスマスとかが楽しみじゃなかったし、どんなことで機嫌が悪くなるのか分からなかったから怖かった。でも今はすごく楽しみ」と言ってもらえたのです。

その時に「いつも僕は妻を緊張させて怖がらせてきたのだな」と改めて思い、深く後悔しました。妻にとって、僕との会話は、どこに地雷があるか分からない恐ろしい時間だったのです。僕はそれを「良かれ」と思ってやっていたのです。今、パートナーがそういうふうに言ってくれる中で、僕は「変わって良かった」「気づけて良かった」と本当に思っています。

2　加害者同士で分かち合う、支え合う団体の立ち上げ

そもそも加害とは何か。「ケアをしない」ことが、「加害」なんだと今は考えています。ケアしようとしないことは、一緒に生きていく人を道具として扱い、自分のことだけを考えることであり、それが加害なのだと思います。

自分自身が変わっていく中で、僕のような無自覚な加害者は世の中にたくさんいると感じるようになりました。そこで、自分と同じような人たちが自分の加害性に気づき、変わっていけるような場所を作ろうと思いました。加害者変容をしていくのは大変なプロセスです。自分の信じていたこと、親からの愛情なども、問い直すことが出てきます。それはとてもつらいプロセスですが、被害者の方に愚痴をこぼしたり、苦しさをわかってもらおうとするのではなくて、加害者同士で分かち合う、加害者同士で支え合える場としてGADHAを作りました。

GADHAは、2021年4月に活動を開始し、「変わりたい」と願う加害者、「もう大切な

人を傷つけたくない」と願う加害者が集まっています。

GADHAの活動は大きく3つの柱があります。1つ目がSlackです。掲示板機能のあるチャットツールのようなものです。自分の加害を報告してそれにアドバイスをもらってケアに取り組むヒントを得たり、変容に取り組んでもなかなか成果が出ない中で愚痴や弱音をこぼしたり、ケアがうまくできた時には認め合う変容報告のチャネルなどがあります。2022年10月時点で434人（2024年4月現在は1000人以上）が参加していて、男女比は4：1になります。これまでの投稿は2・8万件以上になります（2024年4月現在は4万件以上）。

2つ目が当事者会です。これはSlackでのコミュニケーションが文字なのに対して、顔出しはしませんけれども、音声で直接話す場となります。これまでに30回近く、延べ400人ほどが参加しています（2024年4月現在は、50回近く、900人以上）。

3つ目がプログラムで、この活動だけは有償となっています。ワークを通して実際に手を動かしながらGADHAの理論に触れ、自分の加害を、そして被害者の方の被害を理解し、どうすれば加害からケアへと言動を変えていけるのかを学ぶ場です。これまでに55人（2024年4月現在は110人以上）が参加しています。

GADHA参加者の多くは、最初はSlackに参加しても他の人の投稿を読むだけだったり、当事者会に参加しても見学をするだけというところから始まります。そうして自分と似ている人を見つけると、ああやっぱりこれは加害なんだと理解すると同時に、自分一人ではないんだと思うことで、それを認める勇気が湧いてきます。それからSlackに書き込むようになったり、当事者会で自分も話す側になったりします。その先には、他の人の投稿や発言にコメントする側、つまりケアをする側にも回っていくようになったりします。弱音や愚痴をこぼし、またそれを受け止めることを通して、相互性のある関係が生まれています。援助する側、される側という固定的な関係ではなく、当事者同士だからこそできる関係性だと考えています。プログラムのファシリテーターも、GADHAのメンバーが行っています。

3　自分の加害に気づき、変容する当事者

GADHAの活動をやっていて良かったと思うケースを2つ共有します。

1つ目は、妻が突然子どもを連れて家を出たというケースです。最初は「連れ去り厳罰化」を伝えるTwitter（現X）のアカウントを作って、同じような思考の仲間を見つけてフォローしていた方です。あるとき、GADHAを見つけて、「DV加害者なんて、やばいやつらがいるのだな」と思って見ているうちに、だんだん「これは自分そのものだ」と気付いて、GADHAに入られました。

その後、GADHAで活動していく中で耐えられなくなって、2カ月ほど活動を休まれました。何に耐えられなくなったかというと、自分が加害者であることを自覚するほど、自分がい

かにひどいことを元パートナーにしていたかを直視することになり、それが苦しかったそうです。自分が加害者であることを認めると、やってきたことがどれほど暴力的だったかに自分で気付いていくわけです。

この方は、罪悪感が相当出てきたので、元パートナーが「会いたくない」と言っているのに、実家まで行って土下座をして「俺が悪かった」と元パートナーに直接謝罪に行ってしまいました。

DVの問題を知らない人からすれば「謝るなんて、人は変わるものだね」と思うかもしれませんが、その話を当事者会で共有されたとき、僕は「それは最悪の加害ですね」とお伝えしました。その方は「もう関わりたくない」「謝罪を受け取りたくない」という被害者のニーズを無視しているからです。それこそが加害の本質なのです。「謝る」ということすら、自分のニーズしか見えておらず、相手のニーズを尊重しようとすることができていないために、加害になるということがよくあります。

こういうこともあって、彼は相当に苦労しました。その後、彼は元パートナーに謝罪の手紙も送ったのですが当然返事はなく、調停中だったので、直接的なコミュニケーションもない状態でした。最終的に、彼は元パートナーが出した条件に対し「これを受け止めてやっていくしかないのだ」と、全てを受け入れる形で離婚し、一切交渉しませんでした。

結果的にはこれによって「初めて自分の話を聞いてくれた」と元パートナーの方が感じられ

たようで、徐々に交流が回復して、今では離婚前よりも仲が良くなり、子どもと一緒に双方の家に泊まり合う関係になっています。彼は現在、ＧＡＤＨＡの様々な活動に積極的に取り組んでくださっています。

元パートナーの方は当初、関係が良くなってきても怖くて家には戻りたくないという時期が長かったそうです。しかし、徐々に関係に安心感が増えてきて、元々住んでいた家にも戻って泊まったりできるようになったそうです。

被害を受けて離婚を選ばれた方であっても、加害者が変わることを通して、家族としてのつながりや、子どもとの関係が、安心できるものになることがあります。こういう事例ばかりでは決してありませんが、こうして学び続けていく人の中には、離婚はしているけれども、幸せな関係を持てている人もいます。

もう1つのケースを紹介します。その方は、自分の問題だと全く自覚できずＤＶを繰り返していました。二度結婚されているのですが、初めての結婚は、今振り返ればＤＶが原因での離婚でした。しかし、加害について学ぶタイミングがなかったがために繰り返して、２人目の妻との結婚生活で、警察や児童相談所が来るレベルでの加害に発展しました。そこでようやく「もしかして俺のしていることはとんでもないのかもしれない」と自覚しました。

加害者は多くの場合、周りに不可能なほどの期待を持っていて、それが満たされないことに傷つき、被害者感情を持ちます。ＧＡＤＨＡのプログラムを通して、その方は「生きていくうえで何もかもが完全に満たされるわけではないし、自分のことも他人のことも完全に理解することなんてできないのだ」というポジティブな諦めができるようになります。それに伴って怒りやイライラを感じることが減り、振る舞いが変化していきました。

自分の怒りの感情やイライラを「相手にどう伝えるのか」ということや「どう対処するのか」ということもGADHAでは学びます。お互いに持続可能な範囲で、ケアしあって生きていけるよう、自分のニーズを怒りやイライラや不機嫌でぶつけるのではなく、適切な言葉・タイミングでケアの依頼をできるようになっていきます。そして「自分が依頼するからこそ相手に感謝ができる」「相手に感謝するからこそ、相手からのニーズの依頼に答えられる」という好循環が生まれるようになり、関係が改善されていきました。

人は誰もが異なる生き物で、違うニーズを持っているので、悪気なく加害してしまうようなことはもちろん、相手をケアしたつもりなのに、相手のニーズにマッチしていなくて相手を傷つけてしまうということもあります。だから、誰のことも絶対に傷つけない人なんていないと思うのです。

大事なのは、傷つけてしまった時に、それを認めること。相手のニーズを知ろうとし、相手をケアしようとし、自分のしたことが間違っていたら学び直すことこそが、GADHAでは「愛すること」だと考えています。そして、これができない人が「加害者」なのだと思います。誰もが加害してしまうことがあるし、相手のケアを失敗することはあります。でも失敗を認めることができる人とできない人がいる、ということです。

なので、GADHAには「GADHAを卒業する」という概念はありません。人を傷つけることがゼロになることはないからです。大切なのは「傷つけてしまった」ときちんと思えることです。「今、本当は相手をケアするべきだったし、ケアしたかったのに、間違えてしまった。どうすれば良かったのだろう」と学ぼうとすることや、学ぶ場所があることが大事だと思っています。

パートナーや子どもとかなり関係が良くなっている状態であっても、加害をしてしまう時はあります。でもそういうときに、「相手が自分を怒らせた」とか「仕事で疲れていて仕方がなかった」と他責的にならずに、GADHAで誰かに相談したり、愚痴をこぼしたり弱音を吐いたりして、またパートナーにケアを始めることができます。そんなふうに変わっていき続ける、学び続けることができる人こそが、加害者変容が深まっている人だと思います。

4　システム思考で考える加害者

以上のような事例があるわけですが、改めて「加害者心理とは何なのか」「加害者が変わるとはどういうことなのか」というトピックに入っていきます。

まずGADHAの基本となる考え方の1つは「システム思考」です。

「システム思考」とは「どんな出来事も、出来事そのものを対象に解決することはできない」という考え方です。

例えば「風邪をひいた」という出来事を具体例として考えてみます。「風邪をひくのをやめよう」と思っても、やめられませんよね。問題を解決するためには、そもそもなぜ風邪をひいてしまうのかを考えていくことが必要です。「どんな時に風邪をひくのか」と考えると、大体「睡眠時間が足りていない時」かもしれません。では、「睡眠不足を引き起こしたのは何か」と考えると「仕事が忙しくてストレスがかかってあまり眠れない」ことが原因かもしれません。何でそうなってしまうのかを考えると、「自分の人生において仕事のキャリアが非常に重要で、他よりも優先されるべきだと思っているので、仕事が忙しい時にはストレスがかかって、でも頑張り続けなきゃいけないと思って眠れなくなる」という構造があるかもしれません。

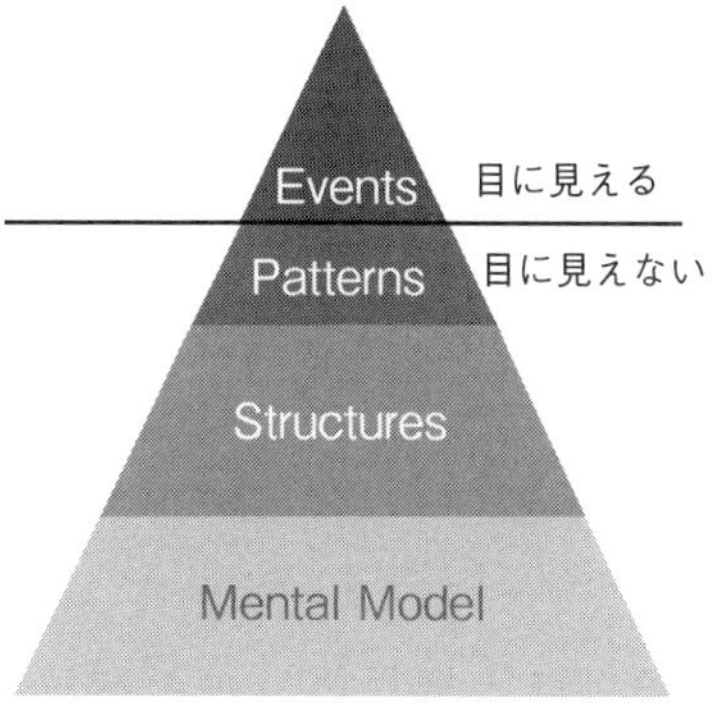

名前	概要	具体例
出来事 events	何が起きたのか	風邪をひいた
パターン patterns	出来事が起きる時のいつもの状況	睡眠時間が足りない時によく風邪をひく
構造 structures	パターンに影響している要素関係	仕事が忙しくてストレスがかかると眠れなくなる
メンタルモデル mental model	この全体の背景にある価値観，信念	自分の人生において仕事のキャリアは非常に重要であり，他よりも優先される

このように物事の因果関係を整理することを「システム思考」と呼んでいます。システム思考をすると「風邪をひかないようにしよう」と思っても仕方がないことがわかります。「風邪をひく時は睡眠時間を何とか確保しなきゃいけない」とか「忙しくなってきている時に何とかブレーキをかけなきゃいけない」とか「そもそも自分の人生ってそんなキャリアのことばかり考えているけど、ハッピーなのか」と問い直していくことなしには、風邪をひかないようにすることはできないでしょう。

このような考え方を加害者にあてはめてみましょう。先ほどの「風邪をひいた」に当たるものが「加害の言動」になります。つまり「加害の言動をやめよう」と思うだけでは、加害はやめられません。加害の言動が生まれてしまう構造、システムを理解することで、はじめて改善策が見えてきます。このシステムを「加害の信念体系」と呼びます。「加害やケアの言動を生み出すシステムはどんなふうになっているんだろう?」という疑問に対して、GADHAでは表のような構造になっていると考えています。

表では「結果」は「関係」と「言動」によって、「判断」は「思考」と「状況」によって、「価値観」は「真理観」と「存在価値」によって、「根源信念」は「人間観」と「世界観」によって成り立っています。

1つの例を挙げたいと思います。例えばサプライズのプレゼントで相手にアクセサリーを贈ったとします。その時に、自分は相手が嬉しがってくれると思って渡したけれども、相手はあまり喜んでいなかったり、それを着けて外出することがほとんどなかったりするような状況を想像してみてください。

「ケアの信念体系」を持っている人たちの思考としては「相手はあんまり喜んでなさそうだな。何か違ったかな」と考えると思います。言動としては、「前にあなたは赤色が好きだと思ったから買ったのだけど好みが変わった？」とか「ちょっと違った？」というような聞き方をします。相手は「赤は好きだけど、ちょっとこのデザインがあんまり好きじゃないかも」と答えたら「そうなんだ」とこちらも答えますよね。「じゃあ

レイヤ	要素	概要	加害の信念体系	ケアの信念体系
結果	関係	言動によって生まれる関係	支配と服従の関係	対話、くつろいだ関係
	言動	思考によって生まれる言動	解釈強要：なんでお前は素直に感謝できないんだと言葉でなじる	共同解釈：前に赤色が好きだって言ってたけど、好みが変わった？
判断	思考	状況を価値観に基づき解釈したときの思考	許せない、おかしい、腹立たしい、生意気だ、ムカつく、間違っている	どうやら喜んでいないみたいだ、喜んで欲しかったけど何が違ったかな
	状況	まだ加害もケアも発生していない状況	相手にとって良いことをしたと思ったのに相手が喜ばないとき	相手にとって良いことをしたと思ったのに相手が喜ばないとき
価値観	真理観 ＝正しさ	善の感覚に基づく正しさ ＝常識、普通、当たり前 べき、ねば、当然	「下」は「上」に忖度すべき 「秩序の中での役割」を果たすべき （親⇔子、上司⇔部下、夫⇔妻など）	唯一正しいものはない。誰にも感じ方や考え方を強制することはできないし、お互いに無理があるなら距離を取ったほうが良い
	存在価値 ＝幸福／善	人間観に基づく存在価値	人を従わせられることが良いこと、幸福価値は奪い合いになる 逆に、相手がいうことを聞かないと無力感 存在価値の欠如を感じる	自分を知り、自分らしくあることが幸福 他者についても然り 無理をして自分じゃなくなるときに存在価値の欠如を感じる
根源信念	人間観	世界観に基づく人間観	自分より上か、自分より下か 従うべき相手か、従わせるべき相手か	人間は異なる、個別的 どんな人かわからないから知ろうとする
	世界観	最もベースとなる信念	一元化・単純化された序列世界 上下・優劣・勝敗・強弱・正誤で測れる	多元化された、それぞれにユニークな世界 1つの尺度で測ることができない

今度はこういうのがいいかな?」とか「じゃあ今度は一緒に買ったほうがいいよね」というふうに「そうなんだ」と相手のことを分かろうとするプロセスがある。こういうコミュニケーションは、「ケアのコミュニケーション」だと考えます。

一方で、加害的な人がどういうコミュニケーションをするかというと、相手にアクセサリーを贈った時に相手が着けていないと「何で着けないの？　人からもらったプレゼントを着けているところを見せて、贈った人を喜ばせるべきなのになぜしないの?」というような言動になります。これは自分で言うのも本当に恥ずかしいのですが、僕もこんなふうに考えていました。「何でお前は素直に感謝できないの?　せっかく人にもらっておきながら何なの?」と怒りが出てきて、相手を許せないし、腹が立つし、相手が間違っていると思ってしまいます。被害者からすると、「この人、何を言っているのだろう?」という話ですよね。

でも加害者が不機嫌になるから、好みでもないのにアクセサリーを着けたり、相手に「ありがとう」と言っているうちに、自分の感覚や感情が失われるように感じたり、自分じゃなくなってしまったような気持ちになったりして、支配と服従の関係になります。

これがやはりＤＶの核心だと思います。加害者は、「自分が上になりたい。もっというと下になりたくない。気遣う側に回りたくない。素直に思ったことを言える側でいたい」と思っています。

ここで反転するのですが、だからこそ喜ばない人を見ると、許せないのです。自分が忖度されないと、自分が下になったような、馬鹿にされたような、尊重されていないような気がしてしまいます。

でも、アクセサリーの例でとらえると、実際には相手はそのアクセサリーが好きじゃないのだから使わないというだけのことなのです。対等な関係だったら、「相手はどんなものが好きだろう?」というふうに考えがいくものだけれど、加害者はそうはなりません。「なぜ喜ばないのか?」もっと言えば「なぜ喜んだふりでもいいからできないのか?」と思ってしまいます。背景にあるのは、人間関係には上下関係以外があることを知らず、かつ、下になりたくないという恐怖や恐れからの言動なのだろうと思います。

加害者にとっての世界というのは、一元化されて単純化された序列の世界です。上か下か、優れているか劣っているか、強いか弱いか、正しいか間違っているかの世界で生きています。そして、その中で上にいることが良いことで、生きる価値だと思っています。そして下に行くことをものすごく恐れ、非常に怖がっています。不安や恐怖の中で生きているといってもいいと思います。加害的な人は、人を測る尺度がとても少なく、例えば「年収」「部下の数」のような基準で人を測ることがよくあります。上下で世界を捉えているので、上下がわかりやすい基準を採用するのでしょう。

また、加害的な思考の人は「私」とか「あなた」ではなくて「夫」「母」「子ども」「部下」「上司」という「役割」とその良し悪しという「序列」で物事を捉えてしまうことがあります。

しかし「役割」で人を見てしまうと、その役割の果たすべき責任を十分に果たしているかどうかで「良い」「悪い」というジャッジを行ってしまいます。「良い夫」とか「良いパートナー」という「役割」に当てはめた瞬間、その人が「役割」にすり替わってしまいます。「役割」の前に本当は「この私」と「このあなた」がいるのに、それがわからなくなってしまいます。

それに対して、対等なコミュニケーションができている人の思考は、人は複雑で、多面的な存在だと考えていると思います。得意なこともあれば苦手なこともある。優しい時もあれば、余裕がなければ冷たくなってしまうところもある。「いい人」「悪い人」という単純な理解ではなく、人に多面性があることを理解しています。また、10年前と、去年と、今と明日と1週間後も人は変わっていくというような理解の仕方をしています。

そして「ケアの信念体系」を持って生きているので、何かを簡単に測って上下や優劣の評価などできないとわかっています。だからこそ、自分や他人がどんなことを好み、どんなことが嫌なのかということを知って、それを間違っているとか、変えるべきだと思うのではなく、それを大切に尊重できることが幸せだと考えられるのだと思います。

5　加害者の歪んだ成功体験が加害を助長していく

加害者は「暴力的な振る舞いをすることによって自分の欲求が通る」という結果によって、

「強いことが正しい。人に言うことを聞かせたほうが人生は生きやすい」と学んできたと考えます。この「結果」を重ねれば重ねるほど信念体系は強固になります。

ＧＡＤＨＡの中でも、年齢を重ねていけば重ねていくほど、あるいは職業上の成功を重ねていればいる人ほど、やはり変容は大変です。自分の成功体験（暴力的な振る舞いをすることによって自分の欲求が通る）と違うことを言われても、受け入れられない人が多いのです。

傷つけられている側が逃げられる社会であったり、傷ついたことを傷ついたと言える社会でなければ、この歪んだ「成功体験」が積み重ねられてしまうと思います。不均衡な関係は終了して良いのです。もともと男性と女性で経済的な格差が非常にあって、女性が出ていきたくても出ていけない社会であることも大きな構造的な問題だと思います。

加害者の中には「あんなに幸せな家庭だったのに、なぜ急に離婚？　誰かに何かそそのかされたんじゃないか？」と本当に考える人もいます。

でもその人から話を聞いてみると、「旅行に行って子どもが生意気なことを言った」と車を止めて道路で土下座させたり、子どもが受験に失敗した時には「これまで使ってきた金を全部返せ」と子どもをなじったりしています。それにもかかわらず、その人の中では「毎年家族旅行に行って幸せだった家族」「教育熱心で、機会を与えてあげた素晴らしい父親」としての自分しか見えません。なぜかというと、それらの行為を重ねることで、子どもたちやパートナーがどんどん従順になっていったからだと思います。

こんなに加害的で支配的な人間に対しては、被害者は思ったことが言えなくなります。怖いからです。特に、「やめてほしい」とか「それは嫌だ」といったＮｏが言えなくなります。言われたことに従い、忖度し、相手が怒らないようにと自分を殺して関わります。そして、水面下ではもうそこに親密な関係や、信頼は全く残っていません。子どもが就職するとともに離婚を選ぶ人や、その離婚を子どもが支持するというよくある構図には、このような背景があると思います。

思っていることを素直に共有すると怒鳴ったり、無視したり、暴力を振るったりした人が、後から急に「なんでも思ったことを言ってごらん」と被害者に言っても、話してもらえるわけがありません。「ニーズを話しても大丈夫」という信頼の蓄積が必要です。

その信頼関係は積み上げるのは大変なのに、壊れるのは一瞬です。しかも一度壊してしまえば「どうせまた積み上げても、いずれ壊される。信じるだけ傷つくんだ」という恐怖、無力感、もうどうでもいいやという諦観を被害者は持ちます。「だったら相手に合わせてしまえ……その方が楽だ」という絶望を与えることになります。

ＤＶ加害とはまさにそのような加害です。よく被害者の方が「自分だって相手を許せるなら許したい」「だけど憎い、許せない、怖い、恐ろしい。もう関わりたくない」とおっしゃるのを聞きます。それは本当に自然なことだと思います。人が人と一緒に生きていく上で一番大事な信頼を破壊するのがＤＶ加害だからです。

僕が加害当事者団体の人間として思うのは、加害者も結局不幸になるのです。散々人を不幸にした上で、最後には孤独になって自分も不幸になります。自分は人を大切にしているつもりで、愛しているつもりで、散々傷つけて、最後に残るのは孤独です。

もちろん被害者の方々の傷つきは言うに及ばずですが、加害者の孤独もやはり悲惨です。自分は大黒柱として仕事を頑張ってきたし、やることをやってきた、子どもの教育にもお金をかけてきたという自負はあるのに、なぜ今自分は孤独なんだろうというふうに考えると、自分の生まれ育った環境や社会からの影響も見えてきて、本当に負の連鎖が続いていっていると思います。

しかし、その苦しみを被害者の方にわかってもらおうとすることは、二重三重の加害です。だからこそ、傷つきをきちんと傷つきとしてシェアできる場が必要であり、ＧＡＤＨＡがそのような場になってほしいと願っています。

6　加害者はなぜ加害心理を身につけてしまったのか

ここからは加害心理をなぜ身につけてしまうのかということについてお話ししていきます。加害者は加害の信念体系に基づいて言動することが、正しいと思うような環境を生きてきたと言えます。それはすなわち加害的な世界で生きてきたということです。

例えば優秀な姉と比較され、お父さんと一緒に外出する時も、ずっと受験の問題を出され、間違えるたびに頭を叩かれていたという人がいました。外出は楽しいことだったはずなのに、試されて、がっかりされて、恥や無能感でいっぱいになるような体験をさせられているのです。

何かしたら電柱に縛り付けられて怒られるという人もいました。夜逃げを経験している人や、親がアルコール依存症で毎日家の中で怒鳴り合いがあった人もいます。自分が泣いても叫んでもどうしようもないような苦しみを与えられていた人たちがたくさんいます。しかも、それをそんなに大したことだと考えてはいません。

このようにわかりやすい虐待のようなこともあれば、そうではないこともあります。しかし、そのどれもが、子どもにとって傷つくことであることは間違いありません。

いくら悲しくてつらいことであっても、それを受け止めてくれる人が周りにおらず「こんなことで傷つくな」「お前のためを思ってやってるんだ」「大したことじゃない」というふうに抑圧されると、だんだん「完璧な親なんていないし」「育ててもらっているのだから」と自分を守るために、自分の傷つきを小さくしようとします。そして、それによって、自分がやっている加害を矮小化してしまうのです。

だから、自分の痛みや被害、傷つきをちゃんと認めて、「それは嫌だった」「悲しかった」と認めることなしには、人に与えている加害にもなかなか気づけません。しかしそれは簡単ではありません。なぜなら、それを認めてしまったら、自分が与えられてきたものは愛ではなくて、加害や支配であったと認めることになるからです。それは自分の土台を切り崩してしまうような恐怖です。

完璧な親も、完璧な人もいません。だから、相手を全く傷つけない人もいません。でも、できる範囲で、持続可能な範囲で、相手の傷つきを認め、自分の間違いを認め、学び変わっていくことはできます。大切な人と一緒に生きていきたいのなら、気遣い合って学び合っていくことが大切なのです。

ケアができる人、ケアしあえる関係を生きたいと願う人は、加害的な人たちが作る場所から離れていきます。ＤＶのある関係から離れることは、このように理解することができると思います。

7　加害心理の本質

加害者は、下とみなした人間が自分に忖度しなかったり、自分を気遣わないとき、つまり下として振る舞わないときに傷つきます。秩序や、世界を壊されることで不安になります。だから加害者は自分を被害者だと思って反撃しています。

加害者が自分を上であると思う根拠は何か。それは例えば「夫であるから」かもしれないし「親だから」「年長だから」「お金を稼いできているから」かもしれません。そもそも人間関係を上下で捉えていない人が対等な関係を作ろうとすること自体が、加害者にとっては傷つくことなのです。そして、それに対する正当防衛として加害を行うのです。

つまり、加害は、基本的に反撃です。これが加害の本質だと思います。

DV加害者がなぜ自分を被害者だと思ってしまうのか?

加害者は、自分より下の存在が自分のニーズをわかろうとしなかったり、ケアしようとしなかったりすることに、傷つくのです。これは究極の甘えだと思います。なぜなら、加害者は被害者にそれをしないからです。あくまでそれは、下が上に行うべき、役割と考えているからです。加害者は「愛しているならば自分の全てを受け入れるはずだし、そうすべきだ」ということを言うことがあります。「だって僕のことを好きでしょ? 愛しているなら許してくれるよね? 受け入れてくれるよね?」と僕自身もそう思っていました。

しかし、この主張には明らかに無理があります。なぜなら、その主張をひっくり返すと、成立しないからです。自分を全部受け入れてくれない相手を受け入れていないのは、加害者の方です。加害者は、自分の言っているような意味で、愛するということを、誰よりも自分自身ができていないのです。加害者は被害者を愛せていないのです。だから間違えるし傷つけることもあります。そこで相手を気遣うことや、自分の間違いを認めて学び直すこと、相手に配慮したいと思うこと、そういうことが大事なのです。

そもそも、誰も誰かのことを全部受け入れることなんてできません。GADHAでは、誰もが違う人間だから分かり合えないという傷つきを絶対に経験すると考えます。誰もが傷つき、傷つけられてしまう世界に生まれてきてしまったこと自体が、ある種の苦であり不幸なのだという立場をとります。だからこそ、「気遣い合おうとする関係は奇跡的な幸福である」と考えます。苦しみがたくさんある社会の中で、関係の中で、一緒に誰かと生きていて、穏やかで落ち着いた生活をしていくことは、この世界が不条理であるということを認めるからこそできることなのだということです。

昔の僕は全然そう思っていませんでした。世界を自分の願うように変えられるとか、人は幸せになれるはずだとか、ポジティブなように見せかけて、実はそんなにポジティブではないことを言ったりしていました。実際はそんなわけがないので、期待と現実には常にギャップがあり、そのたびに傷ついていました。

8　加害者変容とは信念体系を変化させ、学び続けていくこと

加害者変容というのは、「加害的な信念体系」を「ケアの信念体系」に変えていくことだと考えています。信念体系が変わることによって、加害の行動をしなくなるどころか、ケアの言動を取れるようになると思っています。

言い方をかえると、「ケアをしないことは加害である」というような考え方になります。「他

者と生きる」ということは、「ケアの関係を生きるということ」、他者と生きたいのであればケアの関わりをすることです。つまり、「加害をやめる」ということは、「ただやってはいけないことをやらなくなること」ではなく、「自他を慈しむことをする」ということなのです。ここがやはり加害者にとって、大変難しいところです。なぜなら「何が加害かも分からない」というレベルから始め、「加害とは何か」を知るだけにとどまらず、「ケアとは何か」というところまでやらないといけないからです。

加害者変容というのは、「ケアって何だろう？ 今自分が言おうとしていることは、相手を傷つけることだろうか？」とたくさん頭の中で考えて、「ケアの信念体系」を実現し続けていこうとするプロセスだと思います。

こういうわけで、僕も人と話す時に、言葉を選んで言いよどむことが昔よりはるかに増えました。昔の自

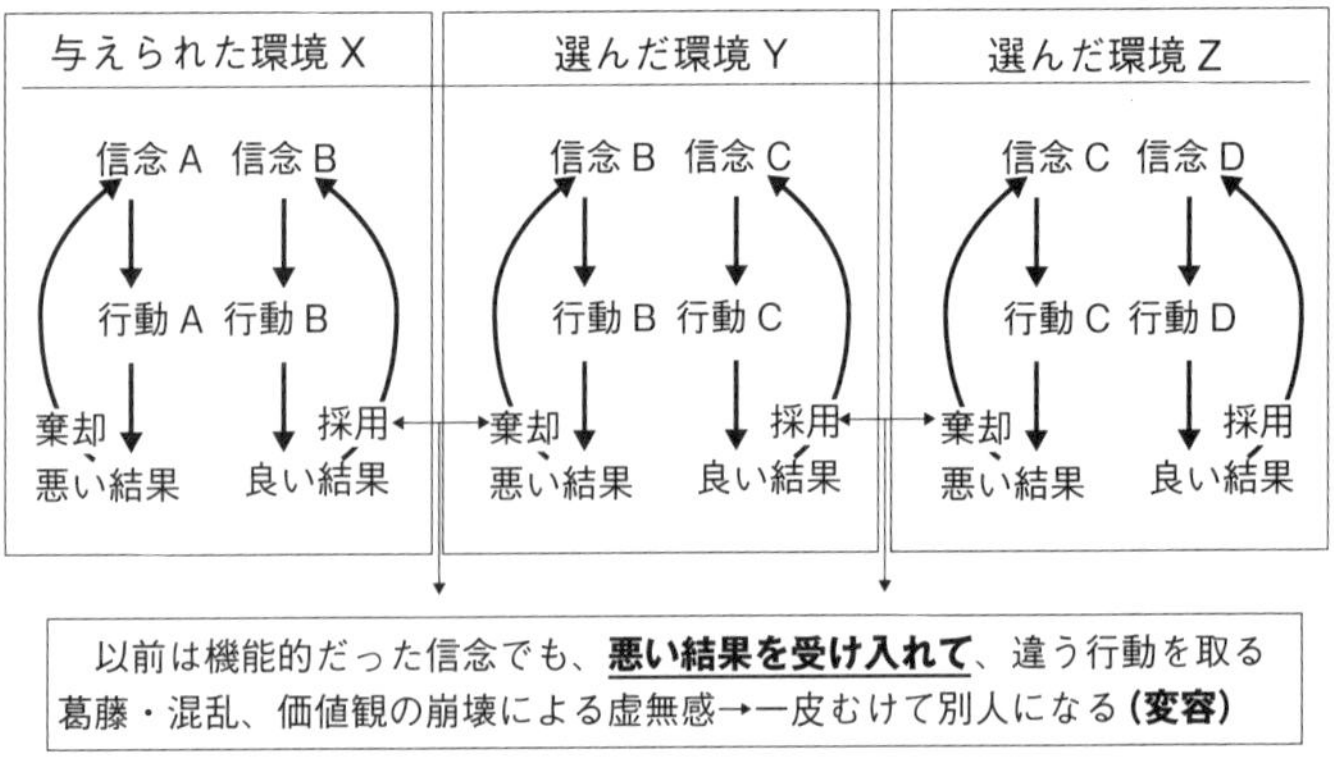

分はもっとぺちゃくちゃとしゃべるタイプというか、早口で、追い立てるような感じで、受け手のことなんて考えずに言いたいことをしゃべっていました。けれども、やはり受け手のことを考えるようになると、そんなふうになかなかしゃべれなくなりました。

今では「この人は今どんなことを考えているのだろう?」とか「この人はどういう経験をこれまでしてきたのだろう?」「どんな言葉だと、この人にとって受け取りやすいだろうか?」と、想像しながらしゃべります。すごく難しいですし、いろんなことを学び続けていかないといけないのですが、誰も傷つけない日は来ないので、いかに傷つけてしまった時にそれに気付けるか、そこから学ぼうとできるか、学び続けていけるかがきっと加害者変容なのだと思っているところです。

9 加害者変容が進んだ先に訪れる様々な変化

加害者変容が進んでいくと、参加者から「イライラしなくなった」というコメントをよくもらいます。

彼らの言葉をそのまま使うと「今思うと、何であんなことで怒っていたのだろう。妻とかパートナーに対して、あんなことで怒って、本当にばかだった。何て愚かだったのだろう」とおっしゃいます。

僕自身も本当にそう思います。「あんなことでイライラして、あんなことで傷ついて、あんなことで怒って、正当性を持って相手を変えよう、正そうとしていたことが、いかに馬鹿らしかったか」と心の底から思います。それは、穏やかでくつろいだ、安心できる関係とは真逆のものだったからです。

今は世界が敵だらけじゃないことに気付き「愚痴をこぼしてみても意外と大丈夫だ」とか「弱音を吐いても、怒られたり、叱られたり、ばかにされたり、辱められたりしない。弱音を吐いても良いのだ」と思うようになりました。

先ほど申し上げましたが、人は誰もが不完全で、誰も全て受け止めてもらうということは無理です。そこに気付くと、相手への過剰な期待や甘えが消えて、自分からケアを始めることの価値や素晴らしさに気付きます。そしてそれが愛することだということにも気付くのです。

この世のほとんどのものは、交換しても増えませんし、使えば減ったり消えたりするものが多いです。しかし、知識はそうでないとよく言われます。

僕は加害者変容の中で、愛や、ケアもそうなのだと思うようになりました。ケアしあえる関係だからこそ、より一層ケアしあえるようになっていくという、正の循環があるのだと思うに至りました。世界が根本的に変わりました。

僕たち加害者は、優しさとは奪い合うもの、戦って勝ち取るものだと考えています。議論や交渉を好み、それに勝つことに喜びを覚えます。相手をケアしようという気持ちはありません。

加害者は、生まれ育ってきた環境の中で、自分がどんなことで喜んで、自分がどんなことで悲しいのかということを麻痺させられてきた人も少なくありません。自分の感覚や感情がうまく理解できないので、自分のニーズがわかりません。わからなくても満たされていないので、イライラはします。言語化ができないので適切なケアの依頼ができず、忖度を要求することになります。自分がなぜ不快なのかわからず泣く赤ちゃんと同じです。依頼をしていないので、やってもらったことの感謝もできません。感謝をしないから、「次は僕がケアするね」とケアしあう関係になりません。一方的にケアを搾取することになります。あるいはケアすることは特別な恩情だと思って相手をケアするので特別なケアを相手にも要求します。本来はもうそこでケアの往復は成り立ってるのに、相手にプラスアルファを求めてしまいます。受け取っていると認識しているものが常に実際よりも少ないから、本人の感覚としては、いつも「被害者」なのです。自分はこんなに頑張っているのに、自分はこんなにやってあげているのに、と。

ケアが往復することによって、愛情やケアする力が増えることに気付けた時に、加害者変容が、どんどん進んでいきます。そんなときに、よく起きる問題があります。それは、加害者変容が進んだからこそ、被害者の方が信頼して、過去の傷つきを伝えると、加害者が「こんなに頑張ってるのにどうして昔のことばかり話すのか」「今の自分をどうして見てくれないのか」と反撃してしまうことです。実際、加害者変容が進んで話を聞いてくれそうだと被害者の方も思っているからこそ話しているので、そういう意味では明確に進歩なのですが、この認識ができていないと、加害者は傷ついてしまうのです。そして、それに対する正当防衛、反撃として加害を繰り返してしまうことがあります。「お前が俺を怒らせた」というのはよくある自己正当化の言葉です。

僕は被害者の方に「変わろうとしているんだから、昔のことを蒸し返さなくても」などとは決して思いません。むしろ被害者が、変わろうとする加害者がケアの信念体系について語っていたら腹が立ってきたとしても不思議ではありません。「あれだけのことをしてきたくせに、何を急に分かったような口を聞いて」と被害者が思うことは自然なことです。

被害者が「いい人になったら、やったことがなかったことになると思わないで」と思うことも自然なことですし、「このくらいで怒るんだったら、反撃してくるんだったら、結局何も変わってないってことだ」と思うこともあるはずです。

それを加害者が受け止められるかどうかの差は知識があるかどうか、そして、弱音をこぼせるコミュニティがあるかどうかだと思います。加害者としては自分なりに変わってきたと思っても、被害者からすればまったく信用できない状況は長く続きます。

そんなときに、ＧＡＤＨＡでは「わかるよ。そうだよね。それはつらいことできついことなのだから、ここで弱音を吐いていきましょう。そしてまたケアを始めていきましょう」と加害者とやりとりします。被害者の方々から見れば甘えていると思われるかもしれません。それでもやはり、つらいものはつらいということで、ＧＡＤＨＡは当事者団体、自助団体としてそんなふうに活動しています。

ＧＡＤＨＡはよくいわれるように、加害者を「変わることのできないモンスター」というふうには決して考えません。生まれ育ってきた経験の中で、不完全な自分と生きてくれる人がいなかったり、自分の弱さを見せると、押し付けられた役割の中で序列が低いと評価されたりして、「無能感や恥の感情によって支配されてきた人たち」だと基本的に思っています。僕自身もそうです。だからこそ学び変わることはできると信じて活動をしています。

ＧＡＤＨＡでは、よく妻と子が突然出ていったエピソードを聞きます。離婚することや家を出ていくことは、ものすごく怖いことです。子どもがいる場合には、特にそう思います。社会的な支援もまだまだ乏しく、養育費の不払いもかなりあります。「両親が揃っているほうがいいかな」とか「いろんな大人が関わるような関係のほうがいいかな」とか「お金が心配だな」とかいろんなことを考えて、それでも出ていくことを選んでいるはずです。

加害者の変容を支援する義務も責任も被害者の皆さんにはありません。加害者変容をしている僕たち自身がそう思います。被害者の方がその責任を負う必要がない社会を作りたいと心から願っています。

それは加害者が大人で、自分たちが自分たちの責任をきちんと果たさなければならないと思うからです。どんな生まれ育ちがあったとしても、どんな経験をしてきたとしても、人を支配して傷つけていい理由にはなりません。「じゃあ、無かったことにしよう」とも決してなりません。むしろそれができたらどんなにいいかと思う被害者の方がいることを知っています。許したいけれど許せない、怖い、関わりたくないと苦しんでいる方がたくさんいます。

なので、被害者支援の文脈において、「加害者は変わらない。一刻も早く離れてください」というようなメッセージが発信されることは、僕はすごく自然なことだと思います。被害者の方々にはご自身の幸福や安心を何よりも大切にしていただきたいです。

加害者同士のコミュニティの中で愚痴を聞くことや、愚痴をこぼすことは、上から目線で何かをアドバイスするのではなくて、できないことをできないよね、しんどいことをしんどいよねと受け止める訓練をしていくことでもあります。

ＧＡＤＨＡに関わることは「ケアすること」です。ＧＡＤＨＡは自分も弱音を吐いてもいいのだと思える場所です。「ケアされる」からまた「ケアしていける力」が湧いてくる場所です。それを変わりたいと願う加害者同士がやることに意味があると思っています。

第六章　ＤＶ事件を担当してきた弁護士の立場から伝えたいこと

――共同親権制度を施行する前に

岡村　晴美

1　はじめに

私は、弁護士として、ＤＶ、性暴力、ストーカー、パワハラ、セクハラ、学校のいじめといった事件を担当してきました。これらは全てハラスメントに関するもので、人が人を支配する構造という共通点があります。私がなぜハラスメントの事件に取り組むのかは、私が小学校時代に受けたいじめの経験と関係があります。少し長い自己紹介となりますが、この後の話とも関連しますので、参考としてお話ししたいと思います。

2　ハラスメントの構造を理解する

いじめを受けたのは小学校5年生のときのことでした。最初は、仲良し3人組で1人だけ仲間はずれにされたことがきっかけだったと思います。そこに、いじめっ子気質の女子2名が加わってきて、1か月も経つと、クラス全体からいじめられる事態へと発展しました。よく分からないあだ名をつけられ、聞こえよがしに悪口を言われ、席替えで隣になると殊更に嫌がるジェスチャーをされました。登校するとイスに画鋲がばらまかれ、下校するときには靴に牛乳にひたしたパンがいれられていました。給食で、牛乳を配ると、私が触ったものには、ばい菌が付いていると言われ、ハンカチで瓶に触れた部分を拭き取られました。

あるとき、休み時間に自席に座っていたところ、しゃべったこともない男子が突然やってきて、私の机を蹴り飛ばしました。とっさにしゃがみこみ、床に飛び散った教科書や文房具を拾い集めました。こういう時、みじめで、情けない気持ちがするものです。恥ずかしい気持ちでいっぱいでしたが、そっと顔を上げると、そこにはいつもと変わりのない教室の風景がひろがっていました。

その光景をみたときに、私は、死にたいと思いました。

ガシャーンという大きな音をたてて机が倒れたときに、教室内を一瞬覆った張り詰めた空気は、やられているのが私であることを確認すると、まるで何事もなかったかのように平穏を取り戻していたのでした。散らばった教科書や文房具を拾い集める私に声を掛ける者もいないし、手助けする者もいない。先生に言いつけにいく人もいない。私が暴力を受けることなど誰も気にしていない。私は見えていないのかもしれない。教室に、居ても居なくても同じ。むしろ、皆は私を、不潔で汚いものを見るかのように不愉快に思っているんだ。生きていることに何の価値があるのだろう。

死ぬために、何度か、近所の団地の上の階まで行ってみましたが、いざ飛び降りようと思うと恐くて足がすくんで、勇気が出ませんでした。死ぬことすらできない。帰り道はさらにみじめな気持ちになっていました。

最初の頃は先生に言いつけることもあったのですが、解決するためのクラス会で、「すぐに言いつけるからいじめられると思う」と発言した生徒がいました。先生も、「そうだな。これ以上、ひどいことが起こらないよう先生に言いつけに来ない方がいい」と言ったので、言いつけることはやめました。家族には言いませんでした。言えば、心配して、何かしら動くに決まっているし、そうすると家の中まで暗い雰囲気になってしまうことが耐えられませんでした。クラス編成で最大級の配慮があり、私に対するいじめはぱったりと終わりました。平穏な中学3年間を過ごし、高校に入学すると、同じ高校にいじめに関与していたXがいることがわかりました。嫌な予感がしましたが、クラスも離れていたので、Xのことは忘れていました。ところが、高校1年生の2学期のある日、部活動の友人が、「ねぇねぇ、小学校のときにいじめられてたって本当?」と聞いてきました。私は頭が真っ白になりました。やっとの思いで、「なんで?」と聞くと、「同じクラスのXが言ってた」と言われました。高校生になっても、まだ小学校の頃のことを言われるのかと、ショックな気持ちも大きかったのですが、「やっぱり私、いじめられてたってことで正解なんだ」と、答え合わせができてホッとしたような感覚になったことを覚えています。

これ以降、私は、友人には、「小学校の時にいじめられてたね」という話を、初期の段階で自発的にするという自衛策を講じるようになりました。笑顔で話すので、友人からは、「強いね」と驚かれることもありましたが、実は、これは強さではなく、弱さの表れだったことをこの時は知りませんでした。

大学2年生の時に、成人式がありました。小学校のクラス会の案内ハガキが来ていましたが、「欠席」と書いて、玄関先においておきました。母が見つけ、「行かないの? 何か用事でもあるの?」と聞いてきました。母にも伝えるよい機会だと思って、「行かないよ。いじめられてたから」と答えました。答えた瞬間に、自分でも思いがけないことでしたが、小学校時代のいじめがフラッシュバックして、嗚咽がとまらなくなり、泣きじゃくりすぎて過呼吸で息ができなくなりました。母は、私を抱きしめて、背中をさすりながら、「大丈夫だよ。つらかったね。全然気が付かなかった。気付いてあげられなくてごめんね」と言ってくれました。この瞬間から、私に感情がよみがえり、それ以降、いじめられていた体験を話す時に、涙ぐむことができるようになったのです。

その後、私は、幸いなことに弁護士になることができました。

弁護士になりたての頃、ＤＶ事件、いじめの事件、パワハラの事件を受任しました。それぞれ別の先輩弁護士から声をかけていただいて担当した事件で、偶然に受任したものでしたが、いずれの事件も、密室で、密接で、継続的な人間関係の下で生じる、人が人を支配するという構造を持つ人権侵害行為という点で一致していました。被害者の精神的な追い詰められ方、加害者の無責任な言い分、なぜ逃げられないのか、どうして第三者に相談できないのかなど、共通することが非常に多いことが分かりました。そして、どの事件においても、自分のいじめの経験が役に立ちました。

私は、自分のいじめに関しては、もうすっかり乗り越えたと思っています。あの時、勇気がなくて、死ななくて良かったと思っています。それでも、いじめられていた頃のことを思い出すと、パッとその感情がわきあがってきて、今でも苦しくてたまらないです。威圧的な対応を受けたり、悪意にさらされるようなことがあったりすると、簡単に引き出しが開いて、その時に感じた悲しい気持ち、みじめな思いがよみがえるような感覚があります。それが、ハラスメントの被害というもので、一生、付き合っていかないといけません。

この経験から得られるのは、ハラスメントは個々の事実ではなく、関係性であるということです。一つ一つは些細なことにみえても、集団内で人格を軽んじられていたこと自体が傷になります。加害者は加害の自覚がありません。他方で、被害者は被害に自信が持てません。被害は、時間差で生じることがあり、後々まで後遺症として残ることがあります。

また、ハラスメントは周囲の人にも関係があります。周囲の人の対応によって、被害者の心の傷が大きくなるという面もありますし、ハラスメントを目撃している周囲の人も傷付くという面もあります。

これらの行為が自分の身に起こると、個人的なことだというように思ってしまいますが、いじめも、パワハラも、DVも、あちらこちらで起こっていて、同じ構造を持つ人権侵害行為だということを確認する必要があります。これらを社会問題として捉えて、その構造を理解することで、日本に存在するハラスメント文化を改めていきたいと思います。

3　DVでいう「暴力」とは何か

暴力とハラスメントについて、世界はどうとらえているかについて考えるために、ILO条約第190号を紹介したいと思います。日本はまだ批准していませんが、素晴らしい条約です。ここには、ハラスメントについて、「単発的であるか、反復的であるかを問わず、身体的、精神的、性的または経済的危害を与える意図があるか、または結果として危害を与えるか、与える可能性がある、許容できない範囲の行為や慣行またはそれらについての脅威である」（国際法学会ホームページによる）という定義がされています。ハラスメントについて、誤解を生じないように幅広く捉えており、全ての言葉に意味がある定義だと思います。

さらに、この条約は、労働に関する条約なのですが、家庭でのＤＶについても、「雇用や生産性および健康と安全への影響や、政府、使用者および労働者団体、労働市場の組織が助けとなれる」と規定しています。使用者の責任として、家庭のＤＶの問題を捉えていて、非常に画期的な内容だと思います。これが世界標準のハラスメントについての理解です。

図　権力と支配の車輪
出所：アメリカ・ミネソタ州ドゥルース市のDV介入プロジェクトによる「パワーとコントロール」の図の一部（1984）

次に、ＤＶの定義と特徴についてお話しします。ＤＶについては、「親密な関係において暴力でパートナーを支配すること」と定義付けられることが通常かと思います。この後、詳しくお話ししていきますが、支配のために様々な形態の暴力が振るわれるということを押さえる必要があります。身体的暴力はDVの本質ではありません。それが一番お伝えしたいことです。

右ページの「権力と支配の車輪」という図は、DVについての研修や講座でよく使われるものですが、身体的暴力は、外の輪にあって、その内側にはあらゆる手段の暴力で、支配をしているということを表したものです。暴力というのは手段で、支配するために、その加害者が得意な方法の暴力が振るわれるということを表しています。

4 DVにみられる様々な暴力

身体的暴力は、一番イメージしやすい暴力です。殴る、蹴るなどがこれに当たります。精神的暴力は、暴言、威圧、束縛、孤立させる、強迫するといったものです。経済的暴力は、例えばレシートチェックをして1円単位でしかお金を渡さない、そもそも生活費を渡さない、逆にお金を巻き上げるといったものです。性的暴力というのは、意思に反して無理やり性行為をする、妊娠したら困るのに避妊をしないなどです。子どもを利用する暴力は、パートナーが大切にしている子どもを虐待することによって支配をすることが思い浮かびますが、それだけではなく、子どもを取り込んで、味方に付けることもあります。例えば父親が子どもに対して、「お母さんはばかだね」「駄目だね」などとことあるごとに母親の地位を低下させるイメージを植え付けて、子どもも一緒になって母親を攻撃したり、嘲笑したりするようになるというような場合です。

また、「暴力の正当化」も暴力となります。初めてDVについての研修を受けた時に、精神的暴力や経済的暴力などが暴力だということは分かったのですが、「暴力の正当化」が暴力であるということは、正直、座学で聞いているだけではよく分かりませんでした。ただ、実務についてDVを扱ったら、すぐに理解することができました。ここは本質的な理解に関わることなので、丁寧にお話ししたいと思います。

「暴力の正当化」には、否認、過小評価、責任転嫁という三つの方法があります。例えば、身体的暴力の場合、「殴ってない。証拠はあるのか」というのは否認です。それから、「ちょっと押したら勝手に転んで、あざだらけになった。大げさに騒ぎすぎなんだよ」というのが過小評価です。それから「怒りたくて怒ってるんじゃない。お前が怒らせたんだよ」というのが責任転嫁です。夫婦という関係において、いろいろな事情が重なって、暴力をふるってしまったり、キレるというような状態になることは、望ましいことではありませんが、生じることがあります。それを指摘された時に、感情のコントロールができなくて申し訳なかったと自分を振り返り、改善するためにどのようにしたらいいのかを考えるというようなことをしていれば、被害者のみじめな気持ちというのも軽減されますし、決定的に別れるというような話にはなりにくいのです。しかし、「暴力の正当化」をされてしまうと、被害者にとっては、振るわれた暴力が抗いがたいものとして完成してしまうわけです。

「暴力の正当化」は、暴力であるだけではなく、加害者の特質でもあります。DVは、自己保身の病であり、「自分は悪くない」「自分は絶対に正しいのだ」という認識が、DVの加害者の中核としてありますので、「暴力の正当化」は、DVのある関係では必ず起こってきます。これこそがまた被害者を苦しめていくのです。「暴力の正当化」が暴力だということが腑に落ちないと、なかなかDVについての正しい理解はできないように思います。こんな些細なことはDVにならないとか、そういう発想が暴力を正当化し、DV被害を軽視するようにさせていきます。

5　DVにおいて、精神的暴力こそ暴力の中核

様々な暴力の中で、身体的暴力ではない暴力を、非身体的暴力と呼びます。身体的暴力の何がつらいのかということを考えてみましょう。先ほどのいじめの事例では、机を蹴られたというものが身体的暴力に該当すると思います。では、その暴力の強さはどのように把握すべきでしょうか。机が倒れたとき、私の体にもあたりましたが、私の身体が蹴られたわけではなく、身体的暴力の程度としてはそんなに強いものではありませんでした。当時、小学生でしたけれども、怪我もしていません。でも、私はその時に「死にたい」と思った。これは軽い暴力で

しょうか。

小学5年生が、日常的にいじめを受けていて、そんな出来事があったら、「死にたい」と思うのは、まあ分かるよという方が多いかと思います。それは、なぜなのでしょう。それは、身体的暴力の手段とされた有形力の行使の程度が強いからとか、身体の痛みが強く残ったからとか、怪我をしたから、などということでは、暴力の強さを決められないということです。圧倒的な力の差で上下関係を強いられて、人格を軽んじられることで生じる傷、これがDVで生じる傷であり、いじめやパワハラで生じる傷です。学校や家庭という、安全であるべき場所で身体的暴力という野蛮な方法が家族によってふるわれるというみじめさ、情けなさが暴力の本質だということです。例えば、暴言や束縛、経済的な暴力などを受けていた人が、ある時、身体的暴力を振るわれ、ボコボコにされながら、「怪我が証拠に残るかな。これでやっと楽になる。離婚できるかもしれない」と喜んだことすらありました。それがDVです。精神的暴力は、軽い暴力ではないということを理解する必要があります。

非身体的暴力が軽い暴力であるという誤解が生じる原因として、DV防止法が、「配偶者からの身体に対する暴力」がDVであり、精神的暴力について、「これに準ずる心身に有害な影響を及ぼす言動」であると規定し、なんとなく二番手のような文言で規定していることがあると思います。パワハラ防止法は、パワハラを、「優先的な関係を背景とした言動であって、業務上必要かつ相当な範囲を超えたものによりその雇用する労働者の就業環境が害されるもの」

と規定しており、いじめ防止対策推進法は、いじめを、「心理的又は物理的な影響を与える行為（インターネットを通じて行われるものを含む。）であって、当該行為の対象となった児童等が心身の苦痛を感じているものがいじめである」と規定していることと比較すると分かりやすいと思います。先ほど、ＩＬＯ条約第１９０号を紹介しましたが、それに準じた文言に改正するべきだと思います。人格が軽んじられること自体、そのような人間関係を強いられること自体がＤＶの構造であるということを理解しないといけません。

6　性的ＤＶは重篤な被害を生じさせる

身体的暴力の中でも、性的ＤＶは特に屈辱感が大きく、支配の手段として最終形態となることも多々あります。性的ＤＶについて、先ほどレイプとか避妊しないなどといった例を挙げましたが、性行為の場面では合意があったようにみえても、意に反する性行為となりうることがあります。例を３つ挙げます。

ケース１、深夜、明け方まで続く説教の果てに行われる性行為について考えてみたいと思います。「なんだ、文句があるなら言ってみろ」「文句があるって顔しているじゃねぇか」と。それで、ちょっと言おうものなら、反論は倍返し、三倍返しになってきて、それで黙り込むと「黙っていちゃ分かんねぇわ。なんだ、辛気くさい顔しやがって」というようなことが延々と続いて、午前3時とか、場合によっては午前4時くらいまで続き、ちらりと時計を見て、「なんだ、こんな時間まで怒らせやがって。6時に家を出るのに睡眠不足になるじゃねえか。分かっているのか」と言われる。それで、「本当にごめんなさい。申し訳ないです」と謝罪すると、「分かればいいんだよ」と言って、性行為をするというようなことは、DV家庭において、たびたび見られる現象です。そのようなことは、非常に被害者の心を壊します。性行為の場面では合意があります。むしろ、協力的ですらあります。被害者には、そこで「やっぱり嫌だ」と言うような元気は残っていません。無理やりのレイプと、延々と続く説教を終わらせるために応じる性行為による心の傷はどちらも重いものです。

ケース2、夫が働かないので、夜遅くまで、飲酒を伴う接客業の勤務をしていた方の事案です。深夜帰宅し、「幾らもらったんだ」と言って、夫に日当を巻き上げられ、そして、性行為をするのだそうです。拒んだこともあるそうですが、そうしたら電気をつけられて、3歳や4歳の子どもの前でレイプされそうになったそうです。それで、彼女は、帰宅すると夫にお金を渡して、自分でパンツを下げて、布団を自分の顔に巻いて、「お願いします」と言って、「セックスをしてもらう」と言っていました。合意がないどころか、むしろ自分からパンツを脱いでやってくださいと言っているわけです。しかし、こういったことが、本当に心を壊します。

ケース3、重篤な病気のため緊急手術から帰宅した方の例。長期間の自宅療養が必要となったのですが、夫から、口か手で性的なサービスをしてくれと言われたそうです。「そのような気になれない」と言ったら、「なんだと。家事もやれない、仕事もしない、育児もやらない、性的なサービスもできないって、何のために存在してるんだよ。セックスできないのが分かっているから、手や口で良いって言ってるんだ。その優しさが分からないのか」と言われて、「分かりました。ありがとうございます」と言ってする性的なサービス。これも、本当に心を壊します。

このようなことは、子の監護に関する調停や裁判では主張されないことがほとんどです。証拠もありませんし、そんなことを主張することは恥ずかしいと考える方も多い。暴力という自覚がなく、苦しい原因はそれなのに、そもそも弁護士にも言わない人もとても多いです。神経質に見える依頼者の心理的な背景に、性的な暴力、性暴力の被害があるという場合がかなり含まれています。私は性暴力の事件もやってきたので気づきやすいのですが、合意があるようにみえて意に反する性行為が行われたような場合も、レイプされた場合も、症状が同じということがあります。無理やりされることがなかったとしても、相手に対する恐怖感がかなり大きいものになります。

7　DVにみられる暴力の特徴

DVに見られる暴力は、複合的に起こります。また、サイクルもあります。爆発期といって、大きな暴力が振るわれたかと思ったら、謝罪をして、その後また怒りが蓄積していって爆発するといった具合です。一次的に関係が良くなる時期は、「ハネムーン期」と呼ばれることもあります。

被害者の方が、「良い時もあった」「すごく優しい時もあった」と言うのですけれども、DVは優しい時と厳しい時があることが普通です。ただ、「優しい時に、あなたの脳は休んでいましたか」と聞くと、皆さん、ハッとされます。優しいように見えても、いつ地雷を踏むか分からないので、被害者の脳はフル回転なのです。ですので、DVの被害者というのは、関係性が進んでくると、「良い時」「優しい時」と言っている時ですら脳が休まっていないという状態になります。

そして、暴力はエスカレートしていくので、加害者だけではなく、被害者も感覚がまひします。私がまだ弁護士1、2年目の頃に、依頼者に「暴力はありますか」と聞いたら、「ありません」と答えたので、暴力について記載せずに調停を申立てました。調停の期日で、調停委員が、その依頼者に「殴られたり蹴られたりしたことはありましたか」と聞くと、「ありました」と言うので、びっくりして、「暴力は振るわれてないのではなかったのですか」と言うと、「暴力は振るわれていませんよ。殴る蹴るがあっただけです」と答えたことがありました。被害者の感覚はまひしていきます。「暴力を振るわれた」と認めることは、みじめな気持ちになるので言えないという心理状態があります。このように、DV事件の全体像を把握するのには時間もかかり、前提知識や事実を聞き取るスキルも必要となります。

DVの被害者の特徴について、ハラスメントでは、被害者から事件が発覚することが多いので、ついつい被害者にどうしてと聞いてしまうのですが、今お話したように、DVもいじめも、ハラスメントというのは全て加害者に原因がありますので、被害者に理由を尋ねても、あまり意味がありません。被害者は加害者に選ばれた人間で、誰にでも被害者になる機会があります。ただ、その中でも「理想の被害者」というのはあります。「良心的で、罪悪感を持ちやすい、活力の裏に隠された劣等感のあるタイプ」といわれることが多いです。加害者は自己保身を何より優先するので、「俺は正しい」「私は正しい」という思いが強いのですが、他方で、被害者は罪悪感を持っています。そこを上手に利用して支配していくというのがDVの本質です。男性から女性へのDVの場合、日本の女性はノーという、拒否の意思表示ということを幼少期から訓練していないように感じています。嫌なことをされても、「もう、ちょっと、やめてよ」という曖昧なトーンでの拒否しかできないという傾向があります。拒否が軽視されてしまい、自分がきっぱりと断らなかったから悪いのではないかと思ってしまう原因にもなります。

被害者の罪悪感は、相手に怒られると、私が悪いと思ってしまうところから始まりますが、何をしても、いろいろ試しても、ずっと怒られ続けると混乱していきます。そのうち過剰適応といって、相手に合わせる、なんでも合わせるということをします。そうすると、自分の意思がなくなり、全てにおいて無力感が支配し、自我が崩壊していきます。我慢し続ければし続けるほど、精神的に壊れていき、逃げられなくなります。

悲しい感覚を抑圧すると、楽しい感情も抑圧されます。ひどいDVを長く受けていた依頼者の方がいて、離婚して3年後くらいに偶然会ったときに近況を尋ねたところ、「最近テレビを見ていたら、大きな笑い声が聞こえたんですよ。誰だろうと思ったら、自分でした」と言っていました。テレビを見てゲラゲラ笑えるまでに3年かかったということです。意欲を持っても全て打ち消されるということが日常生活の中で起こってくると、すごく悲しいのですけれども、悲しい気持ちに人は耐えられないので、意欲を持たなくなるということになります。悲しまないでおこうというふうに、「こんなことは悲しくない」と自分に言い聞かせる場合、悲しい気持ちだけを抑圧できればいいのですけれども、人間の感情のコントロールというのはそんなに簡単ではなく、要するに感情の全てを失うということになります。ですので、DV被害者の方に、「何か美味しいものを食べてね」とか、「何か楽しいことをやったらどう?」と、他者はついつい言ってしまうのですけれども、本当にしんどい時は、「楽しい」という感情がどういうものかすら分かっていないということは、支援者が覚えておかないといけないことかなと思います。

他方、加害者の特徴は、他者によってしか満たされない自己肯定感が強いという説明がされます。加害者は何を求めているのでしょう。お金ですか、それとも優しさですか、とかいうと違っていて、「褒められたい」「ねぎらわれたい」人たちだということです。こんなに頑張っている自分を「褒められたい」「ねぎらわれたい」のです。特に男性の場合はホモソーシャルな関係という言葉で指摘されることも多いのですが、一生懸命社会の中で頑張ってきた自分に、家族というのはご褒美として与えられるのだというような感覚があることをいわれます。「トロフィーワイフ」と表現されることもあります。すごくプライドが高いわりに自尊心は低く、自分で自信がもてないので、他者との関係で上にいることを確認せずにいられないのです。勝った、負けたという物差しで見てしまうという特徴もあります。外面はいいのですけれども、家の中では豹変するということも多々見られます。

別れるということは、自分に与えられたご褒美、手下だと思っていたものが自分に反旗を翻して出ていくということになるので、それを許すことに対する屈辱感が大きくなります。別れる時に最もエスカレートして、ストーカーになる確率が高いです。私はDVとストーカーの事件を担当してきたといいましたが、DVとストーカーはほぼセットと考えてよい事件類型だと思います。加害性が強い人ほど自分が正しいという思い込みも強く、離婚後も元パートナーに執着して、DVが継続する傾向があります。

8　DVと子ども

DV加害者が離婚後にも支配を継続しようとして、もしくは、裏切られたことに対する恨みの感情から意趣返しの手段として子どもを利用するケースがあります。

DVのある家庭において、DVが子どもへの虐待と併存する場合と、子どもを味方にして他方の親を孤立させる場合もあると思います。いずれの場合も、子どもの健全な成長を害するものであり、DVを見せること自体が虐待となります（児童虐待防止法第2条4項）。DVと虐待は表裏一体で、DVはあるけど虐待はないとか、虐待はあるけどDVはないと言ってみたところで、家庭内にはびこる暴力を防止することはできないでしょう。世界では、DVという言葉が、誤解を招きやすいとして、DA（Domestic Abuse）という言葉を使うようになってきています。

子どもを利用するDVには、いろいろな類型があります（参照：https://www.gender.go.jp/public/report/2019/pdf/20191108003_besshi.pdf）。

加害者が配偶者と子どもに対してDVと虐待を行うもの。配偶者に対するDVを子どもが見ているというもの。DVをされた被害者が子どもに虐待をするもの。このようなケースで、被害者による虐待がクローズアップされてしまうと、DVの加害者に親権が指定されてしまうということが起こります。DVもあるし、DV加害者から子どもへの虐待もあるし、DV被害者からの虐待もあるという場合もあります。子どもにとっては本当に地獄のようなことだと思いますが、このような場合は離婚にはなりにくく、DVも虐待も隠蔽されることになります。それから、これは、とても分かりにくいかと思いますが、DV加害者が子どもを取り込むこともあります。そうすると、孤立したＤＶ被害者は、子どもからもバカにされることになります。この場合、ＤＶに耐えかねて子どもを連れて家を出ても、子どもから母親に対するＤＶのようなことが生じたり、子どもの意思で加害者のところに戻ってしまうということが起こります。また、離婚時に、加害者が親権者になったような場合には、事あるごとに子どもをだしにして被害者を呼びつけるということも起こります。

9 ＤＶの実情と「共同親権」――「家族」は安全か

この数年、ＤＶの被害者や支援者は受難の時を迎えていると思います。ＤＶ被害者に対して、「実子誘拐」「虚偽ＤＶ」などという言葉が向けられ、私自身も、「実子誘拐ビジネスの弁護士」と言われることがあります。ただ、私が扱ってきたケースというのは、真面目に子育てに責任を感じてきたＤＶ被害者が、子どものために我慢して、でも、もうこれ以上我慢していたら子どものためにならないと思って家を出るケースばかりであり、被害者に対して、こうした言葉がリアルに向けられているのをみて、非常に、大きな不安を感じています。「単独親権制度のもとで、虚偽ＤＶが主張され、親子が断絶させられている」というフレーズは、暴力を正当化するため、加害者ほどとびつきます。こうなったのは、支援者や弁護士のせいであるという考えにとりつかれ、さらに攻撃的になり先鋭化しています。ＤＶ被害者や支援者に対する攻撃を野放しにして、何らの対策をとることなく共同親権制度を導入することは危険です。

ＤＶは離婚事件の一部にすぎないと言われることもありますが、ＤＶは離婚の一部と片付けるには少なくない件数であるうえ、暗数も多いです。内閣府の調査（下図）では、結婚している夫婦の約４人に１人は暴力を受けているとされており、ましてや離婚家庭となれば、さらにその割合は増えるでしょう。

また、法制化で影響を受けると思われる高葛藤事案のほとんどは、ＤＶが論点になっています。ＤＶは一部にすぎないと言っている方は、円満な元夫婦を念頭に置いていますが、円満な元夫婦は、現在の単独親権制度の下でも、合意があれば共同決

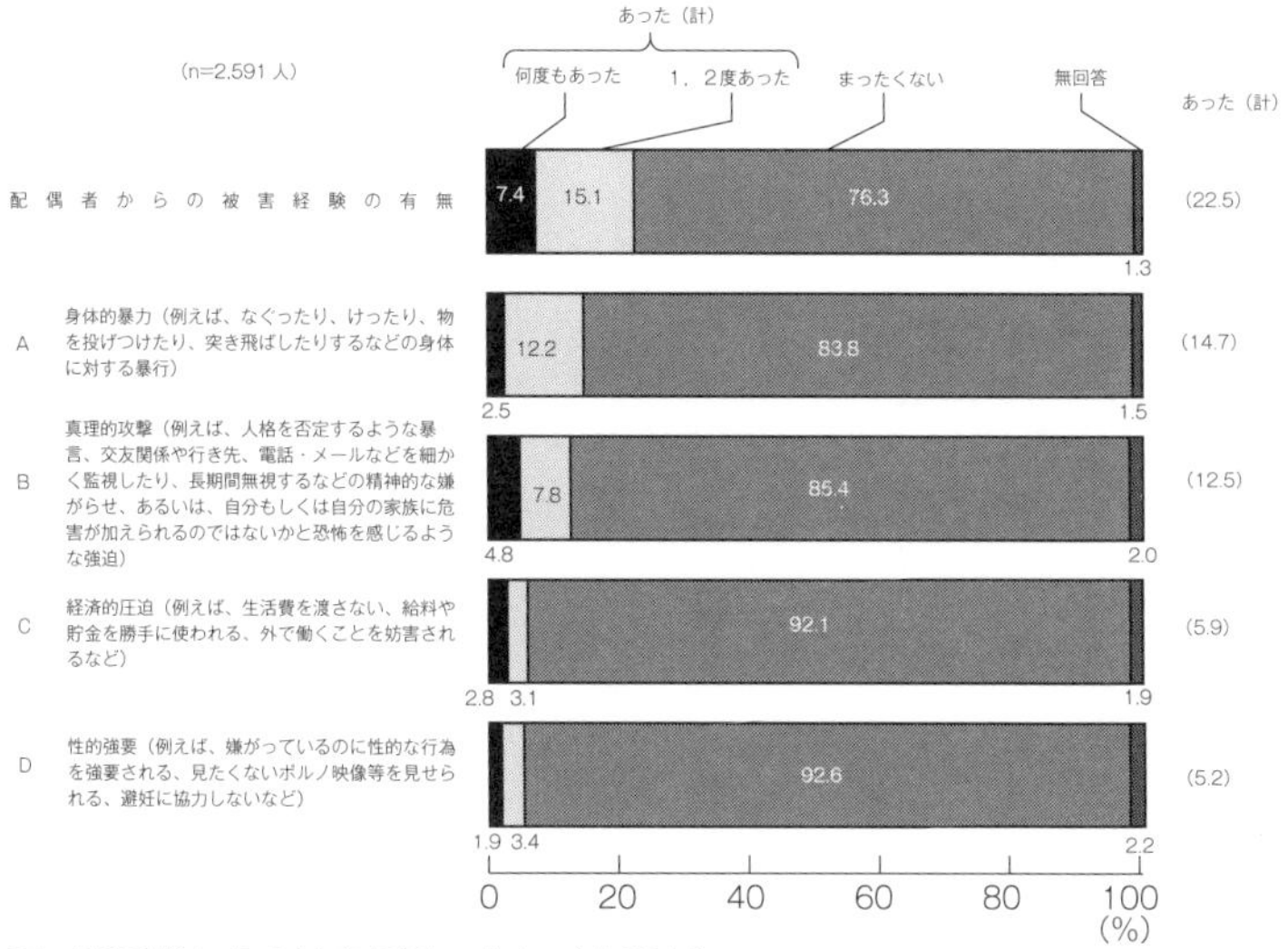

図　配偶者からの被害経験の有無（内閣府）

定をすることができ、面会交流については裁判所から審判を得ることもできます（民法766条2項）。

家族というのは、家族ゆえに危険な場合もあるということを認識してほしいと思っています。殺人の51％は親族間で、2割弱が配偶者間で起こっています。配偶者間での殺人158件のうち夫によるものは85件、傷害、暴行になると、非常に男性の割合が多いです。また、DVを背景とするいたましい子どもの虐待死の事件が2018年には目黒区で、2019年には千葉県野田市で、立て続けに起こりました。いずれの事件も、DV被害者である母親は、加害者の共犯者として処罰されています。早い段階で危険に気づき、子どもを連れて逃げていればと思わずにいられません。また、2017年には、長崎県で、面会交流の際に、父が母を殺害する事件が起こり、兵庫県では、面会交流の際に、父が4歳の娘を殺害するという事件が起こりました。いずれの事件も、父は自殺しています。裁判所が関与していても、危険なケースを見抜けなかったということです。

10　共同親権推進運動にみられる誤解の数々

現行法は、婚姻中は共同親権制度（民法818条）、離婚後は単独親権制度（民法819条）が採用されています。ここで親権とは、身上監護権、重要事項決定権、財産管理権、法定代理権と説明されています。このうち、離婚後の身上監護権については、民法766条に規定があります。2011年に改正された条文で、「第1条　父母が協議上の離婚をするときは、子の監護をすべき者、父又は母と子との面会及びその他の交流、子の監護に要する費用の分担その他の子の監護について必要な事項は、その協議で定める。この場合においては、子の利益を最も優先して考慮しなければならない。第2条　前項の協議が調わないとき、又は協議をすることができないときは、家庭裁判所が、同項の事項を定める。」と規定しています。

そこで、離婚後の共同親権というときの、親権は、重要事項決定権、財産管理権、法定代理権を指すというのが、一般的な理解です。離婚後は、父母が不仲で、別々に暮らすことになることをかんがみて、離婚後は親権者を父母のどちらかに決めることにしたものです。

合意があれば、別居親を親権者と定めることも可能ですが、合意がない場合は、裁判所が定めます。その場合、子の利益を最も優先して考慮して定めることになります。最も重視されるのが監護実績です。「主たる監護者」「監護の継続性」などと言われています。単独親権制度だからと言って、単独で子どもを養育しなくてはいけないというものではなく、父母が協力関係にあり、共同できることがあれば、身上監護はもちろん、情報共有も、相談も、意思決定も、離婚後の父母が任意に選択して共同してこれらを行うことができます。単独親権制度の最も重要なポイントは、「共同が強制されない」という点にありますが、法的に誤った知識が社会に蔓延しています。

(1) 誤解その1「連れ去り勝ち」

子連れ別居の事案において、同居親が親権者や監護者に指定されることが多いため、いわゆる「連れ去り勝ち」の運用であるという指摘をされることがあります。家庭裁判所の実務において、同居親が親権者や監護者と指定されやすいことは事実ですが、主として育児にあたってきた者が別居をするにあたって子どもを連れて出る事案が多いという実情があります。親権者や監護者に相応しくない方が子どもを連れ去っていった場合には、子の監護者指定及び子の引渡しの審判がすみやかに申し立てられ、その場合は、別居後の事情はほとんど加味されません。むしろ、不適切な連れ去りは、親権や監護者を決めるうえでも、後に述べる面会交流を決めるうえでも、不利な事情として取り扱われることになります。

(2) 誤解その2「母親(女性)が有利」

親権が争われる事案において、実務上、母親が親権者と定められる事案が多いことから、母親(女性)が有利だと指摘されることがあります。しかし、「ワンオペ育児」という言葉が象徴するとおり、日本社会において、父親(男性)が家事や育児に従事する時間は、日本の母親(女性)に比べて大幅に少ない傾向にあります。母親が親権者と定められる事案が多いことは、家事・育児のかなりの部分を母親(女性)が担っていることを背景として、別居前の主たる監護者が母親(女性)であるという実態を踏まえた結果にすぎません。

(3) 誤解その3「虚偽DVの温床」

一部の弁護士が、金儲けのために離婚をビジネス化し、子の連れ去りを唆し、虚偽DVを主張するよう指導しているという指摘（「実子誘拐ビジネス」と呼ばれる）がされることがありますが、これも事実に反します。DVは、いじめやパワハラと同様、裁判で認定をされることが難しい事件類型であり、虚偽の事実を申し立てたところで、簡単に認められるものではありません。そのような訴訟活動をしていたら弁護士会による懲戒処分の可能性もあります。このような指摘は、専ら、DV被害者側を支援する弁護士に向けられており、誹謗中傷を目的として用いられているもので、問題が大きいと思います。

11 「面会交流原則実施論」と呼ばれる家庭裁判所の運用について

2011年に民法が改正され、民法766条1項に「面会交流」が明記されると、これを受けて、2012年、細矢郁裁判官らの「面会交流が争点となる調停事件の実情及び心理の在り方―民法766条の改正を踏まえて―」という論文（『家裁月報』64巻7号、1頁）が発表されました。この論文が発表されたのを機に、家庭裁判所の実務において、別居親が面会交流を申し立てた場合には、面会交流を禁止するべき特別の事情がない限り、直接の面会交流を実施すべきという方針がとられるようになりました。「面会交流原則実施論」と呼ばれる運用です。

同論文において、「子は、別居親と適切な形で面会交流することにより、どちらの親からも愛されているという安心感を得ることができ、父母の不和による別居に伴う喪失感やこれによる不安定な心理状態を回復させ、自己のアイデンティティの確立を図ることができる。したがって、子と別居親との適切な面会交流は、基本的には子の健全な成長に有益なものということができる。」という説明があり、「面会交流原則実施論」の運用は全国的に広まっていきました。

この運用に対しては、当初より、DVを被害者側で扱っている弁護士から不安の声があがっていましたが、「非監護親による虐待のおそれ」、「非監護親の監護親に対する暴力等」、「子の拒絶等」などの「禁止・制限すべき事由」がある場合や、「面会交流の実施がかえって子の福祉を害するといえる特段の事情」がある場合は除外できるとされていたことから、一見すると難がなく、良いこととして受け入れられました。しかし、理念の重視は、禁止・例外事由の軽視という結果をもたらすことになったのです。

(1)「非監護親による虐待のおそれ」の軽視

虐待のおそれがある事案においても、「どんな親でも親は親だから」、「虐待をされてきたからこそ、面会交流を通じて親子関係を修復した方が子どもにとって幸せではないか」などという言葉で、面会交流に応じるよう説得がされるようになりました。

性虐待があった事案ですら、家庭裁判所の調査官から、「直接に面会できないことは無理からぬことなので、間接交流から始めてみてはどうでしょう」と言われることがありました。特別に非常識な人間性の調査官や調停委員がこうした発言をしていたというわけではなく、真面目であるがゆえに、子どもの面会交流ありきの方針に忠実に従っていたという側面が強いと思います。

ある事案では、面会交流中に性虐待が起こりました。母親は、離婚時にも、性虐待の危険性を訴えていた事案でしたが、その時点では、確たる証拠がなく、母親の懸念だけでは面会交流を拒むことはできませんでした。

(2) 「非監護親の監護親に対する暴力等」の軽視

面会交流事件において、父母間のＤＶについては、軽視というよりは無視に近く、ほとんど空文化していました。ＤＶを論点としようにも、「夫婦の問題と親子は別」、「過去のことよりこれからのことを考えましょう」、「相手を刺激しない方がいい」などと言われ、同居中の暴力について主張すらできませんでしたし、主張したところで論点として取り上げられず、面会に消極的な姿勢であるという偏見をもたれることになりました。

(3) 「子の拒絶等」の軽視

面会交流の手続きのなかで、子どもの意見聴取は、通常、家庭裁判所の調査官による調査という方法で行われています。年齢の高い子どもについては、「子の拒絶」が尊重される運用がされたものの、精神的に成熟していないとみなされる「子の拒絶」は、軽視されました。子どもが、別居親との面会交流に拒否的な意見を言えば「どうして？」、「楽しいときもあったんじゃない？」、「お父さん（お母さん）、会いたがっていたよ」、「短い時間ならどう？」、「どういうふうだったら会える？」などと、面会交流に応じざるを得なくなるような誘導的な質問がなされました。こうした誘導的な意見聴取は、面会交流を拒否した子どもについてのみに対して行われました。面会交流に肯定的な意見を述べた子どもが、会いたい理由を尋ねられるということはなく、片面的な運用だったといえます。

(4) エスカレートした面会交流の推進

子どもが嫌がっても、一度決まった約束は簡単には覆すことができず、約束を守らないことによって生じる間接強制金は、一回の不履行があるごとに数十万という金額が認められるほど高額化していきました。

子どもが泣きわめいても、無理矢理、もしくはなだめすかして面会交流に連れて行くことが余儀なくされ、聞き分けのよい子どもは、自分がママを守るんだという心意気で、健気に面会交流に応じる事案もみられました。自虐的に、「リアルパパ活」と呼ぶ子どももいました。裁判所での試行面会を繰り返し、子どもが体調を悪化させ、医師の診断書が提出されて、やっとのことで間接交流に変更された裁判例もあります（名古屋高裁決定平成29・3・17）。月1回と定められた面会交流に応じれば、それが実績となり、次は月に2回、次は宿泊をともなうものへと「進展」することが期待され、毎年のように面会交流の申立てがなされるケースが生じるようになりました。子どもの拒否を尊重して、面会が途絶えると、面会妨害を理由とする損害賠償請求が起こされることも増えています。離婚後に、幾度となく、法的手続きに引っ張り出される現象は、Post-Separation Legal Abuse〔編者注：離別後法的アビューズ〕、リーガルハラスメント等と呼ばれており、同居親にとっては、離婚後も、DVを受けているのに等しい苦しみが生じています。

12 子どもの福祉とはなにか

「面会交流原則実施論」のような運用は、子どもに寄り添うものになっていたでしょうか。実際に子どもを養育しているのは同居親なのに、同居親の安心や平穏は軽視され、別居親の権利主張のみが偏重されてはいなかったでしょうか。

世界でも同様の懸念が指摘されはじめており、2020年6月、英国司法省が、「面会交流等離別後の子の養育に関する裁判の評価報告書」を発表し、離別後の父母の「共同」を要求する制度のもとでは、DVや虐待が軽視され、家庭裁判所が子どもと同居親に及ぶ危害を識別し、対応できないことを警告しています。

2020年6月、細矢裁判官らは、「東京家庭裁判所における面会交流調停事件の運営方針の確認及び新たな運営モデルについて」という論文（『家庭の法と裁判』26巻、129頁）を発表し、上記のような運用を改め、今後は、「ニュートラル・フラットな立場（同居親及び別居親のいずれの側にも偏ることなく、先入観を持つことなく、ひたすら子の利益を最優先に考慮する立場）で臨む」ことを宣言しました。その後、各地の家庭裁判所で周知されるようになり、面会交流原則実施論という運用は終焉を迎えました。

これによって、どのようなことが生じたのか。面会交流という場面で、痛ましい殺人事件や、性虐待が起こっているのに、法務省はその調査をすることなく、法制審議会では、離婚後の子どもの養育に関して、法学者を中心として、離婚後の親子のつながりを促進する理念に基づく方向で議論が続けられています。こうした事件は、特殊な事件ではなく、氷山の一角とみるべきであり、リスクがある不適切な事案はたくさんあるように思います。

13　おわりに――抗えなかった反省をこめて

かつて未就学児だった子どもが、成長し、面会交流を続けることが困難となったとき私はその子に、「今までできていたのにどうして無理になっちゃったの?」と聞いたことがありました。その子は、不思議そうに私を見つめて、「先生が、頑張ろうって言ったから……」「ずっと我慢してきたけれど、手をつながれたときに吐き気がして、これ以上会うことが本当に無理だと思った」と言いました。その子の目から、一筋の涙が流れたのを見て、加害に加担していたと思いました。依頼者や子どもを励ましてきたつもりでしたが、結局のところ、説得しやすい方を説得してきたということです。

家族法改正のあり方が、ＤＶ被害者や子どもの安全や安心を軽視していることに、非常に強い懸念をもっています。離婚家族の紛争の現場の実務家として、その危惧を伝えていくことは使命であると思っています。

終　章　離婚後共同親権が及ぼす子どもとDV被害者への影響

——あるDV被害者の手記「いつまで続く裁判地獄」から

熊上　崇

２０２４年４月現在離婚後共同親権の導入を含む民法改正案が国会で審議されています。「共同親権」といえば「離婚後もパパもママも」お互いに協力して子育てをする、という柔らかいイメージを持つ人が多いのではないでしょうか。

しかし、これは大いなる誤解です。

共同親権とは、第一章金澄論文や第二章第一節木村論文、第二章第二節太田論文の通り、親権の行使にあたり父母両方の合意や許可がいる制度であり、「離婚後もパパとママの両方の合意がいる制度」のことです。また、本法案の最大の問題点は、ＤＶなどが疑われるケースであっても、「急迫」でなければ親権を単独行使できないことです。子どもの居所指定は親権の行使ですが、婚姻中の共同親権下でも「急迫」でないと子どもと転居、すなわち子連れ別居ができなくなります。そして「急迫」が何かとは具体的に明らかになっていません。すなわちDV被害者が子連れ別居することができなくなります。

また、同法案では、離婚後に共同親権とお互いが同意した場合だけでなく、合意のない場合でも家庭裁判所で共同親権が決定されることがあります。さらに共同親権下でも日常行為は単独で親権を行使できますが、一方の共同親権者がキャンセル（取消）することも可能です。そうすると、「急迫」かどうか判断がつきにくい入院や手術などの医療行為や、高校や中学校への進学を決めることや修学旅行の参加などでも予防的に父母両方の合意（ハンコ）がいることになります。海外の修学旅行でパスポートをとるときに父母両方のサインが必要かどうかは政府答弁でははっきりしていません。

保育園や幼稚園の入園申請については、現在は主たる監護者である「保護者」が申込みをすることができますが、後から共同親権者である別居親が異議を申し立ててきたりすると、保育現場などで混乱が生じるでしょう。

そもそも、父母が協力して連絡をとりあえる関係であれば、子どもの重要事項や日常行為で合意が得られますが、DVや虐待などが主張されるケースでは、連絡を取るのが難しいし、連絡をとれたとしても、いろいろと理由を付けられて合意を拒否されることもあるでしょう。

Ⅰ　共同親権の本質――「子連れ別居」の抑制

今回の共同親権法案の最大の問題点は、やむを得ず「子連れ別居（子どもの居所の変更）」をするに際しても父母の同意がいることで、事実上の「子連れ別居の禁止」となりうる点です。

では、対象となる「子連れ別居」ケースはどの程度あるのでしょうか。

実際には、多くの離婚ケースでは、DVや虐待などの問題が生じています。

データをもとに見ていきましょう。まず協議離婚のデータです。

「シングルマザーサポート団体全国協議会」2184人を対象とした調査（本書資料編2参照）では、協議離婚では、暴力が18％、精神的虐待が31％、生活費が渡されないが24％あります（表1参照）。協議離婚は、円満離婚というイメージがあり

表1　離婚理由と離婚形態のクロス表（シングルマザーのみ，複数回答3つまで）

	協議離婚		調停・裁判・和解による離婚	
	N	%	N	%
子どもに悪影響	378	36.6%	434	37.8%
性格不一致	363	35.1%	318	27.7%
浪費	344	33.3%	273	23.7%
精神的虐待	322	31.2%	491	42.7%
相手に異性関係	267	25.8%	256	22.3%
生活費渡されず	248	24.1%	294	25.6%
暴力	187	18.1%	328	28.5%
家庭を顧みない	169	16.4%	167	14.5%
飲酒	130	12.6%	128	11.1%
家族親族と折り合えない	120	11.6%	165	14.4%
その他	86	8.3%	96	8.4%
性的不協和	82	7.9%	104	9.0%
自身に離婚する意思なし	45	4.4%	49	4.3%
相手の病気	42	4.1%	43	3.7%
同居応じず	8	0.8%	14	1.2%

ますが、実際にはこうしたDVケースが一定割合あります。

次に家庭裁判所での調停離婚のデータです。表2の令和4年版司法統計によると、離婚調停の申し立ての動機別では、妻から見て身体的DVが19%、精神的DVが26%、経済的DVが29%であり、協議離婚と調停離婚で割合はそれほど変わりません。

このように、協議離婚でも調停離婚でも、一定の割合で、身体的暴力だけでなく、精神的な暴力、経済的な暴力、性的な暴力、子どもへの虐待が見られ、これらのケースで、子連れ別居をしようとしても「急迫」でなければ父母の合意が必要となります。協議離婚でも調停離婚でも、決してDVは特殊で少数なものではなく、今回の改正法案は子連れ別居を事実上抑制するという側面があります。

2 共同親権で養育費の支払いが促進されるか

共同親権になれば、子どもへの養育費の支払いが促進される、という見解があります。しかし、米国やフランスなどのいわゆる共同親権の諸外国でも養育費不払い問題があり、米国では、運転免許証やパスポート

表2　婚姻事件　動機別の統計（令和4年度司法統計から筆者作成）

申立人	総数	暴力を振るう	精神的虐待	家族を捨てて顧みない	生活費を渡さない
夫	15176	1353	3234	689	711
		9%	21%	5%	5%
妻	41886	7861	10975	2585	12166
		19%	26%	6%	29%

DVが主張されるケースが一定割合：これらのケースで共同できる？

の停止、行政機関のホームページに名前と顔写真掲載などのペナルティがあるために、養育費徴収率が高いのです。またフランスや北欧諸国では、当面の子どもの貧困を防ぐために、行政が立替払いして後から行政機関が養育費の支払い義務者から取り立てする制度があります。このように、共同親権だから養育費の支払いが促進されるのではなく、その徴収方法や国による立替制度などを充実させることが必要なのです（熊上・岡村、2023参照）。離婚後共同親権制度の導入で養育費の支払いが促進されるという研究は私の知る限りではありません。そして、今回の法改正案では、低額が見込まれる法定養育費や先取特権の導入がありますが、履行しなくてもペナルティもなく、差し押さえるものがなければ先取特権も意味がなく養育費の確保や徴収制度の進展もほとんどありません。

3　共同親権で子への虐待が防げる？

時々、同居親による子どもへの虐待事件が報道されます。これらをもって、共同親権で関わりがあれば虐待を防止できたという主張がなされることがあります。しかしながら、共同親権にしたから虐待の発生が予防できたという研究はこれまで筆者の知る限りありませんし、日本および海外の子どもの虐待防止学会でもそうした議論は行われていません。米国などのいわゆる共同親権の国でも子ども虐待は発生しており、その予防には、早期発見・早期介入、地域の専門機関につながる、地域コミュニティでの見守り支援体制構築など、個別支援および支援機関の連携が重要ですし、虐待親からの親権者変更や親権停止などの手続きも現行法であります。親権制度を変えれば虐待が予防できるというのは全く根拠がありません。

4　そもそも国民は、離婚後共同親権を望んでいるのか（立法事実）

法制審議会では、2022年12月に中間試案を発表し、これに関するパブリックコメントを実施しました。パブリックコメントでは、個人から8000件もの回答があり、その3分の2は単独親権維持の乙案を支持するものでした（熊上、2023、および法制審議会家族法制部会資料30-2、11頁参照）。しかし、法制審議会はパブリックコメントについて一部概略を示したのみで開示や検討を行っていません。パブリックコメントになんらかの決定力があるわけではありませんが、法制審はその意見を検討せずに、「共同親権を選択したい人がする」といういわゆる合意型共同親権案だけではなく、共同親権について不合意であっても、家庭裁判所が共同親権と決定できるという非合意強制型共同親権も改正案に含めました。

次に、内閣府の「離婚と子育てに関する調査」（2021）を見てみましょう。これは国民の結婚・離婚、面会交流、などについて、5000人を対象とした調査です。結果は内閣府のホームページで見ることができます。

この調査では、「父母の双方が、離婚後も子の進路などの未成年の子の養育に関する事項の決定に関わることは、子にとって望ましいと思うか」聞いたところ、『どのような場合でも、望ましい』と答えた者の割合が11・1％、『望ましい場合が多い』と答えた者の割合が38・8％、『特定の条件がある場合には、望ましい』と答えた者の割合が41・6％、『どのような場合でも、望ましくない』と答えた者の割合が5・7％でした。すなわち、原則として共同親権を望む者は11％しかおらず、原則としての共同親権を国民の多くは望んでいないと言えます。また、同調査で「父母の双方が、離婚後も未成年の子の養育に関する事項の決定に関わることは、子にとって『望ましい場合が多い』、『特定の条件がある場合には、望ましい』と答えた者」にどのような場合に子にとって望ましくないと思うか聞いたところ、『別居親から子への虐待がある場合』を挙げた者の割合が80・8％と最も高く、以下、『父母の不仲や争いが深刻である場合』66・1％、『離婚した父母の一方が他方から、暴力を受けている場合』65・7％、『子が、父母の双方が共同で決めることを望んでいない場合』60・9％、『別居親の子を育てる能力に問題がある場合』59・0％などの順となっています（複数回答、上位5項目）。

すなわち、虐待はもちろんのこと、父母が不仲や争いがある場合、つまり合意が困難である場合には共同決定できないのではないか、というのが国民の声です。

専門職団体について見ていくと、明確に共同親権の導入に反対しているのが札幌弁護士会です（https://satsuben.or.jp/statement/2023/11/22/672/）。

札幌弁護士会では「家族法制の見直しに際し、離婚後双方親権を導入することに反対する意見書」を公開し、この中で、「子の重要事項（進学や医療など）に関する意思決定が停滞し、子の利益を損なうおそれが極めて大きい」と述べています。都道府県ごとにある弁護士会（単位会といいます）では、反対の単位会が15、両論併記が23でした。離婚後共同親権に賛成のみの単位会はありませんでした。2024年5月1日現在、13の弁護士会から本法案への反対、あるいは慎重審議を求める声明文が発出されています。

5 「離婚後共同親権」の影響は離婚家庭だけでなく、教育・医療関係者などに波及

共同親権は、子どもの進学や医療、転居など人生の節目に父母双方の合意が必要です。では、この問題は離婚家庭・その子どもだけの問題なのかというと、そうではありません。今回の改正法案では、監護者を決めないという制度も導入されています。例えば保育園の入園、小中学校の入学手続きは通常「保護者」が行います。この「保護者」は主に子育てをしている監護者のことですが、監護者が決まっていない場合はどうなるのでしょうか。今回の改正法案では監護の分掌という手続きがあり、例えば「保育教育は母、医療は父」などと分ける（分掌）という案もありますが、これを決めるにも家裁の手続きが必要になるかもしれませんし、協議離婚

ではどのようになるのか分かりません。そして、保育事業者、保育園に関する行政関係者、医療関係者、小中学校、高校の関係者は、監護者がどうなっているのか、また他方親からクレームがあったときにどのように対応するのかが分かりません。そして、一方の合意がないままでは、別居親から行政や医療、学校関係者も訴えられる可能性もあり、結果として子どもが適切な医療を受けられなかったり、修学旅行などの学校行事に参加できない、希望する高校受験ができない、ということになりかねません。離婚家庭の当事者だけでなく、子どもに関わる国民全体で考えなければいけない問題なのです。

では、なぜこのように子どもに犠牲を強いる離婚後共同親権という案が出てきたのでしょうか。

この背景には、「離婚後、子どもに会えないパパ・ママ」という主張があります。筆者がこの問題について自治体議員などにレクチャーする機会がありますが、議員は「単独親権だから子どもに会えない」という要望を別居親から受けることが多いそうです。

しかし、実際には現行法（単独親権）においても、面会交流は可能ですので、「単独親権だから子に会えない」は間違いです。令和3年度厚生労働省全国ひとり親世帯等調査結果によると、離婚後も面会交流をしている人は母子世帯の30・2％、父子世帯の48・0％です。

また、面会交流で双方の協議ができない場合は、家庭裁判所に面会交流の申し立てをすることができますが、令和4年度司法統計によると、家庭裁判所で月1回以上の面会交流が決定しているのは4090件（全体の41％）です。家庭裁判所で面会交流が認められないケースは、子どもへの虐待や明らかな身体的DVなどがあり、子の利益に反するとされたものです。こうしたケースは仮に共同親権制度が導入されたとしても、家庭裁判所の審判で面会交流が認められない可能性が高いです。また、「家庭裁判所で面会交流が決まったのに会えない」という声もあります。しかし、それは面会交流をどのように履行していくかという問題であり、共同親権にしたから解決するものではありません。実際、離婚前別居中（つまり共同親権下）での面会交流ケースで、家庭裁判所で決めたけれど会えないケースもあります。この解決には、安心して物的・心理的に面会交流をできるよう支援制度、例えば安心安全な場を保障し、専門家が常駐する面会交流センターの設置などを公的に構築していくことが重要なのです。

6 「離婚後共同親権から子どもを守る」

筆者（熊上）が世話人を務める「離婚後共同親権から子どもを守る」実行委員会では、2023年11、12月から2024年3月にかけて、与野党の国会議員の参加を得て院内集会を実施しました。この問題では与野党問わず懸念を示す議員も多くいます。

2024年1月16日に司法記者クラブで開かれた記者会見では、離婚後共同親権が導入されれば、DVケースでは、延々と裁判所に行かなければならなくなる「裁判地獄」が続くことになるとＤＶ当事者が会見で訴えました。

以下に、記者会見での当事者の体験談を紹介します。

「私は、入籍直後に夫より遅く帰宅したことを理由に殴られました。それ以後、直接殴る蹴るはありませんでしたが、物を投げる・壊す・罵倒・監視・お金の制限・同意ない性行為といった暴力を受けていました。離婚と面会交流の件で裁判所に関わって5年以上経ちます。心から安心して暮らせていません。

経緯をお話します。私は結婚したら我慢することはお互い様であり、怒らせてしまうのは自分の頑張りが足りないと思っていました。異常妊娠をした際も、夫の顔色を気にしながらの生活で、不安でしたが、夫が優しい時もあるので、自分のいけない部分を変えようと努め、里帰り出産しました。しかしその後、私の体調は悪く、また子どもの障がいが分かった時に夫が「お前の責任だ」とメールを送ってきました。夫は子どもがいても怒鳴り、育児は何もしませんでした。このままでは、私が壊れる・子どもも守れないと恐怖を感じて、里帰り出産のまま別居しました。私は夫から「連れ去り犯扱い」されています。

別居後に、友人に相談した際に「ＤＶだよ」と言われて、初めてＤＶ被害を自覚しました。同居時は自覚できませんでしたし、自覚していたとしても、自分を守るのに必死で録音やメモを残せる状況ではありません。今になって、DVの証拠を出せと言われても、証拠を出せません。

夫は面会交流調停、私は離婚調停を申立てました。家庭裁判所では面会交流の話ばかりでした。私は、手元にわずかに残っている夫からの脅迫メールや配偶者暴力相談支援センターの記録、保健師さんから紹介された精神科の意見書、子どもの主治医の意見書、保育園の園長の意見書を提出しました。『配偶者によるストレスで重度の鬱であり、障がいの子どもの監護に悪影響になるので面会の負担を考慮すべき』『子どもの障がいの状態から面会交流は控えるべき』といった意見書です。調停委員・裁判官は、その書類に対して『離婚理由ですね』と、面会交流でもDVが関係するはずなのに無視でした。そして『子どもを別居親に会わせないなら、親権は取れませんよ』と言いました。私は『子どもに無理をさせることができない』と訴え続け、高裁までいきました。面会交流だけで5年かかりました。相談・弁護士依頼費・通院代・書面発行料・子ども一時保育代など100万以上費用がかかりました。夫は精神的苦痛を訴えており、これから私の家族に慰謝料請求や再度面会交流の申立もあるかもしれません。裁判の終わりが見えません。もしここで『離婚後共同親権』が導入されたら、親権を巡って新たな申立をされるに違いありません。

これから離婚裁判ですが、DVがあったことを証明するのは困難が予想され、もう長い長い裁判はしたくないので、性格の不一致を離婚理由にしようと思っています。マスコミは『共同親権　DVは例外』と報じていますが、私はDVと判断されるのでしょうか？　DV被害を訴えても、訴えなくても、どちらを選んでも地獄です。離婚後共同親権になったら、さらに裁判が増えるだけです。法制審の先生方には離婚後共同親権導入の恐ろしさをよく考えていただきたいです。私を殺さないでください。」

読者の皆さん、この当事者の手記をどのように受け止めましたか？

本法案では、本体験談のケースのように録音などの証拠がなければ、物を投げられたり、罵倒されたり、同意のない性行為が続いても、DVであるかどうかが争われ、最終的に家庭裁判所で共同親権という決定がなされる可能性があります。

今回の共同親権法案は「一方が共同親権を望んでいなくても、家庭裁判所が共同親権を命じうる制度」です。離婚の際に、合意のないケースで共同親権と家庭裁判所で決定されれば、子どもが成人するまでいつまでも「裁判地獄」すなわち人生の節目ごとに父母の協議ができなければ家庭裁判所に紛争が持ち込まれ、子どもと同居親への精神的に多大な負荷が成人まで続くことになります。

共同親権は、子どもを常に別居親である共同親権者の合意を得なければならないとする不安定な状況下に置く制度であり、とりわけ合意のないケース、DVや虐待が主張され、話し合いができず共同行使が困難なケースでは、共同親権を決定することは止めなければなりません。

子どもは私たち社会の宝です。その子どもたちが、不安がなく、勉強や生活を楽しむことができ、挑戦できる社会にするために、本書が参考になれば幸いです。

文献

熊上崇・岡村晴美『面会交流と共同親権』明石書店、2023

あとがき

このあとがきを書いている2024年5月1日現在、離婚後共同親権の導入を含む民法改定法案は、衆議院を通過し、参議院法務委員会での審議に入っています。本書が出版される頃には、既に本法案が可決され、2年後の施行が決まっているかもしれません。

それでも、子どもや家庭に関わるすべての皆様に、共同親権の「危険性」について、本書をお読みいただき共に考えてほしいと思っております。本書は、本問題に詳しい弁護士や研究者が一般の方々向けに分かりやすく共同親権の内容や問題点を解説するとともに、この問題に直面している子どもや子を養育する同居親の心配の声も採録しています。子どもたちや親の声にも耳を傾けてください。

本書を企画したのは2022年の夏でした。当時、法制審議会家族法制部会で共同親権の導入についての議論がなされていたころ、この問題について本書の執筆者である金澄道子弁護士、太田啓子弁護士、木村草太教授らを講師とするオンライン勉強会を開きました。そこで、共同親権とは、父母が進学や医療、転居などについて双方の合意を必要とすること、それによりDVがある場合に、子どもを連れて転居することも難しくなるなどの問題点も明らかになりました。

しかし、法改正に向けて事態はどんどん進んでいきました。2022年12月には法制審議会が中間試案をとりまとめ、共同親権の甲案と、単独親権の乙案を併記し、パブリックコメントを2023年1月に行いました。

その結果は、個人の意見約8000件のうち、3分の2は単独親権の乙案に賛成だったとされていますが、法制審議会はさらに、「双方の合意がなくても共同親権を家庭裁判所が決定できる」（ただし、DVや子の虐待等は除外）、「監護者を指定しないこともある」という内容を含む要綱案を提出しました。

法制審議会では全会一致が慣例といわれますが、結局、法制審委員3名の反対、部会長を含む2名の棄権という異例の採決が2024年1月30日になされています。そして間髪入れずに、閣議決定、2024年3月には衆議院での提案、同年4月に衆議院通過、同じく4月から参議院への審議という異例の速さで進んでいます。

こうした事態を受けて、2024年5月1日現在、札幌、函館、千葉、愛知、岐阜、大阪、兵庫、広島、福岡、京都、群馬の各地の弁護士会から本法案への反対あるいは慎重審議を求める声明が出されています。弁護士から見ても相当に問題の多い法案といえるでしょう。

このような時期での出版であるため、本書に収められた講演録等は現時点での状況から変化しているものもあることを、読者の皆様にご承知いただければ幸いです。

子どもたちが安心して暮らし、子どもたちが望む環境を整えることが社会の責任です。しかし共同親権法案は、子どもたちの進路や生活に双方の合意が必要であるとして子どもたちの生活を縛ることを可能とします。またＤＶで悩んでいる親も、父母双方の合意がなければ急迫の場合以外は子連れ転居することもできません。この法案が通過したあと、子どもたちや同居親の生活がどうなるか、心配しています。

子どもたちの未来と成長を願う読者の皆様と、この問題意識を共有し、子どもや同居親が安心して暮らし、不安なく成長を保障できる社会をつくりたいと願っています。

最後になりますが、本書出版に際し、深くご理解いただき貴重なご助言をいただいた明石書店代表取締役大江道雅様、編集担当の清水祐子様・清水聰様、そして執筆者の皆様に心より感謝申し上げます。

本書を、困難な状況にありながら人生に立ち向かう子どもたちや当事者の皆さんに捧げます。

２０２４年５月１日

編者を代表して　熊上　崇

資料編

資料1

協議離婚したシングルマザーたちの実情

——離婚後等の子どもの養育に関するアンケート調査データから

日本では協議離婚の割合は、全体の88％（2022（令和4）年厚生労働省「離婚に関する統計」より）です。

協議離婚というと、「円満あるいは話し合いで離婚し、離婚後も子どものことで協議できる」というイメージがあるかもしれませんが、協議離婚ケースにおけるDVの実態や、協議離婚をした人の面会交流や養育費の実情はこれまで調べられていません。また離婚後に子どもと同居しているのは多くは母親ですが、いわゆるシングルマザーを対象に、DVや子どもへの虐待の実情や、共同親権（子どもの進学や医療への同意への賛否など）についてどのような意見を持っているかは、全国でも調べられていません。

そこで、全国シングルマザーサポート団体全国協議会では、同会会員であるシングルマザー2184人を対象として、養育費の受取状況や面会交流の頻度などの状況の他、共同親権とりわけ子どもの進学や医療などへの同意が必要かどうかの賛否について、調査を行いました。回答者の離婚の形式は、協議離婚が1034人（47％）、調停離婚が637人（29％）、裁判離婚が183人（8.4％）、裁判での和解が330人（15％）です。

本資料編ではその一部を紹介します。全文（原資料）は法務省法制審議会家族法制部会第20回会議の赤石委員提出資料（2022年11月15日開催、分析は石田京子早稲田大学教授）として法務省のホームページに掲載されているので、併せてご覧ください（https://www.moj.go.jp/content/001383776.pdf）。

DV経験（シングルマザーのみ）を離婚形式ごとに見てみると、調停・裁判・和解による離婚の方が、全体的に「何度もあった」と答える者が多い傾向があります。しかしながら、協議離婚をした回答者でも、「侮

表１　子どもの虐待（協議離婚のシングルマザーのみ）

	協議離婚							
	１，２度あった		時々あった		何度もあった		合計	
	N	%	N	%	N	%	N	%
１日以上、食事をさせてもらえなかったり、長時間戸外などに放置されたり、その他保護者として問題があるような行為	32	3.7%	35	4.0%	37	4.2%	104	11.9%
性的な接触やわいせつな行為	17	1.9%	4	0.5%	7	0.8%	34	3.9%
傷つくようなことを繰り返して言ったり、ずっと無視したり、きょうだいと差別したりする	50	5.7%	112	12.8%	126	14.4%	15	1.7%
その他、虐待にあたるのではないかと思うこと	78	8.9%	114	13.1%	111	12.7%	58	6.6%

表２　養育費受け取り状況（シングルマザーのみ）※網かけは最も割合の多いもの。

		定期的に支払われている	不定期だが支払われている	ほとんど支払われていない	全く支払われていない	その他	合計
協議離婚	N	383	109	69	408	65	1034
	%	37.0%	10.5%	6.7%	39.5%	6.3%	100%
調停・裁判・和解による離婚	N	527	137	74	346	66	1150
	%	45.8%	11.9%	6.4%	30.1%	5.7%	100%
合計	N	910	246	143	754	131	2184
	%	42%	11%	7%	35%	6%	100%

辱」、「病気の時も家事」、「怒鳴るなどの脅し」、「無視」は６割を超える者が「あった」と回答しており、性的ＤＶの経験者も３割を超え、協議離婚をした者も何らかのＤＶを経験した者が相当数含まれていました。

そして、ＤＶを受けた影響としては、協議離婚をした回答者のうち、「離婚別居を考える」が89・２％、「心身の不調」が82・４％、「不眠」が68・３％、「死にたい」「フラッシュバック」はいずれも50％を超える者が「当てはまる」と回答しました。

子どもへの虐待の状況は表１のとおりです。「１日以上、食事をさせてもらえなかったり、長時間戸外などに放置されたり、その他保護者として問題があるような行為」について、協議離婚した回答者の11・９％が「あった」と答えており、さらに４・２％については「何度もあった」と答えていました。

養育費の受取状況は表２のとおりです。定期的に支払われているのは協議離婚で37・０％、調停離婚等で45・８％ですが、「ほとんど支払われていない」「全く支払われていない」を合わせると、協議離婚では47・２％、調停離婚等では36％でした。このように調停などで法的義務のある取り決めをしても支払われていないことが多く、協議離婚でも半数近くは支払われていませんでした。

面会交流

面会交流の実施状況を見てみると、離婚形態により状況が異なります（原資料参照）。「取決めがあり、その通りに行われている」のは、調停・裁判・和解による離婚をした回答者グループの方が多いです。他方で、「取決めがあるが、その通りに行われていない」「取決めがあり、途中まで行われていたがある時期から途絶えた」についても調停・裁判・和解による離婚をした回答者グループの方が多く、裁判所などで取決めをしても、結局その通りに行われない当事者も多いことがわかりました。他方、「取決めはないが面会交流は行われている」「取決めはないが、少しだけ面会交流をしたことがある」は協議離婚した回答者グループの方が多いです。結局、離婚形

表3　面会交流の頻度（シングルマザーのみ）

		年2回以下	年3-6回	年7-12回	年13-24回	年25回以上	その他
協議離婚	N	21	27	191	37	23	83
	%	5%	7%	50%	10%	6%	21%
調停・裁判・和解による離婚	N	37	75	274	45	16	125
	%	6%	13%	48%	8%	3%	21%
合計	N	58	102	465	82	39	208
	%	6%	11%	49%	8%	4%	21%

表4　面会交流についてどのように感じているか（シングルマザーのみ）

	協議離婚		調停・裁判・和解による離婚		合計	
	N	%	N	%	N	%
子どもの成長に良い影響を与えている	156	43%	136	36%	292	40%
子どもの成長に悪い影響を与えている	38	10%	61	16%	99	13%
相手に養育費を支払わせるために、しかたなく	97	27%	101	26%	198	27%
自分にとって負担、できればやめたい	91	25%	120	31%	211	28%
どちらともいえない	76	21%	61	16%	137	18%
子どもにとって負担、できればやめたい	35	10%	74	19%	109	15%
その他	48	13%	69	18%	117	16%

式や、取決めのあるなしにかかわらず「面会交流を（ほぼ）行っている」と答えた回答者は約35％、取決めがあってもその通りに行われなかったり、取決めもなく現在行われていないと答えた回答者は約65％でした。今後面会交流のルールを取決めても結局同じことにならないか。そこに強制力を持たせることが、子どもの最善の利益につながるか、慎重な検討が必要です。

面会交流の頻度は表3のとおりです。協議離婚した回答者グループの16％が年13回以上（6％については年25回以上）実施しており、離婚後も子どもと頻繁に面会する関係が継続している者がいることがうかがわれます。

協議離婚した回答者グループのうち、面会交流の取決めに「納得している」と答えたグループでは、年13回以上の面会を実施している者が約20％いました（原資料参照）。協議離婚をした当事者の一部については、離婚後も元配偶者と円滑なコミュニケーションがとれ、子どもと非監護親との間でも良好な親子関係が継続していることがうかがわれます。

「面会交流についてどのように感じているか」（表4）では、協議離婚をした回答者グループと調停・裁判・和解による離婚をした回答者グループとで顕著な差がありました。「子どもの成長に良い影響を与えている」は協議離婚グループに多いが、「子どもの成長に悪い影響を与えている」「子どもにとって負担、できればやめたい」は調停・裁判・和解による離婚をした回答者グループに多かったです。

面会交流が取決め通りに行われていない理由（複数回答）については、離婚形態による回答の差は認められませんでした。協議離婚では、「相手が取決め後何も言ってこない」が圧倒的に多く、その次に多いのは、「面会交流が適切でなく、悪影響があると思ったから」でした（原資料参照）。

面会交流が取決め通りに行われていないことについての相手からのリアクション（複数回答）についても、離婚形態による回答の差は認められませんでした。協議離婚した回答者グループにおいては、「リアクションがなかった」が多かったです（62・7%）。協議離婚した回答者グループでは、面会交流について何らかの取決めがあったと答えたのが36・9%でしたが、その約半数は現在面会交流が行われておらず、さらにそのうち43%は相手が取決め後何も言ってこないため実施されておらず、62・7%は面会交流が行われていないことについてリアクションもない、ということでした（原資料参照）。

表5では共同親権のうち進学・医療の双方合意に関する質問として「もし、お子さんの高校や大学の進学先などを決める際に双方で話し合って進学先を決めることが義務付けられるとしたら、あなたは賛成ですか、反対ですか？」という問いをしています。協議離婚した回答者グループは「反対」「どちらかといえば反対」が74%でした。なお、

表5　離婚形態ごとの進学双方関与義務付けへの賛否（シングルマザーのみ）

		反対・どちらかといえば反対	よくわからない	賛成・どちらかといえば賛成	合計
協議離婚	N	769	153	112	1034
	%	74%	15%	11%	100%
調停・裁判・和解による離婚	N	907	151	92	1150
	%	79%	13%	8%	100%
合計	N	1676	304	204	2184
	%	76%	14%	9%	100%

協議離婚した回答者グループの方の中で、「進学先について話し合いができるかどうか」の回答ごとに進学への双方関与義務付けの賛否を分析したところ、元配偶者と「話し合える」「何とか話し合える」と答えた者の中には、双方関与義務付けに賛成・どちらかといえば賛成と答えた回答者が有意に多かったです。ただし、元配偶者と進学先について話し合いができると答えた回答者の中でも、進学先決定にあたっての双方関与の義務付けについては賛否が拮抗していました（原資料参照）。

表6では、「離婚後等の共同親権のひとつとして、『重要な医療（お子さんのワクチン接種、手術、歯列矯正など）を受けるときに、親双方で話し合って治療を決めなければならない』と法律で決められるとしたら、あなたは賛成ですか、反対ですか？」との問いに対しては、離婚形態にかかわらず、8割以上が「反対」「どちらかといえば反対」と答えました。

さらに、「あなたは、お子さんが新型コロナウイルス感染症に関するワクチン接種を受けるか否かを決める際に、別居親と協議をしましたか？」の問いに対して、シングルマザーの88％が協議をし

表6　医療双方関与義務付けへの賛否（シングルマザーのみ）

		反対・どちらかといえば反対	よくわからない	賛成・どちらかといえば賛成	合計
協議離婚	N	843	135	56	1034
	%	81%	13%	5%	100%
調停・裁判・和解による離婚	N	964	121	65	1150
	%	84%	10%	6%	100%
合計	N	1807	256	121	2184
	%	83%	11%	6%	100%

ていないと回答しており、またその理由として、「全く連絡をとっていない、もしくは、連絡できないから」と約45％が答えているところからしても、医療について双方が関与することは現実的に難しい当事者が多いことがうかがえました。興味深いのは、協議離婚した回答者グループで、進学先について元配偶者と「話し合える・何とか話し合える」と回答した者も、ワクチンについては「協議しなかった」が70％を超えていることでした。日頃子どもと接していない別居親と重要な医療について有益な協議をすること自体が現実的に想定しにくいことがうかがわれました。

共同親権について

表7は、「お子さんの住所を決める時に、親権をもつ別居親の了解を得ないと転居ができなくなることに、あなたは賛成ですか、反対ですか？」「あなたがもしも、これから離婚するとした場合、教育や重要な医療などの重要事項について別居親と共同で決める『共同親権制度』を選択したいですか？」「あな

表7　居場所指定・共同親権選択の意向・単独親権主張し続けられるか

		居所指定賛否			共同親権選択したいか			単独親権主張し続けられるか		
		反対・どちらかといえば反対	よくわからない	賛成・どちらかといえば賛成	選択しない・どちらかというと選択しない	よくわからない	選択する・どちらかというと選択する	主張し続けられる・たぶん主張し続けられる	わからない	主張し続けられない・たぶん主張し続けられない
協議離婚	N	920	88	26	829	145	60	487	207	135
	%	89%	8%	30%	80%	14%	60%	59%	25%	16%
調停・裁判・和解による離婚	N	1023	103	24	964	135	51	607	209	282
	%	89%	9%	2%	84%	12%	4%	63%	22%	15%
合計	N	1943	191	50	1793	280	111	1094	416	282
	%	89%	9%	2%	82%	13%	5%	61%	23%	16%

たは調停や話し合いの場で、共同親権の選択を相手側から強く迫られたときに、単独の親権にしたいと主張し続けることができると思いますか?」に対する回答です。離婚形態による違いはほぼ見られませんでした。居場所指定についても8割が「選択しない・どちらかというと選択しない」と答えていました。また、単独親権を主張し続けられるかについては、約6割が「主張し続けられる・たぶん主張し続けられる」と答えているものの、約15%は「主張し続けられない・たぶん主張し続けられない」と答えていました。

表8では「あなたは離婚時や子の認知のときに、父母が共同親権者となることに関し、以下の中のどれに賛成ですか?」との問いに対しては、協議離婚したグループでは11%が双方の共同親権に賛成でした。一方で回答者全体の58%が現状の制度が良いと回答しており、また、「わからない」が約31%いることは注視すべきでしょう。

まとめ

進学決定にあたっての双方関与の義務付けについては、「反対・

表8　共同親権に関する制度への賛否（シングルマザーのみ）

		離婚時は子の認知のときに、父母が共同親権者になることに関し、以下のどれに賛成ですか			
		父母双方が共同親権者となる制度	一方のみ親権者となる制度	わからない	合計
協議離婚	N	118	598	318	1034
	%	11%	58%	31%	100%
調停・裁判・和解による離婚	N	85	738	327	1150
	%	7%	64%	29%	100%
合計	N	203	1336	645	2184
	%	9%	61%	30%	100%

どちらかといえば反対」が協議離婚が74％、調停離婚等が79％であり（表5参照）、そもそも進学先について話し合いできるかについては、80％が「話し合えない・全く話し合えない」と答えています（原資料参照）。ＤＶ経験者の場合には、賛成・反対以前に、元配偶者と対等に子どものことを話し合うこと自体が現実的に困難な場合が多いでしょう。

本調査によると、協議離婚をしたグループであっても、現在提案されている進学先決定への双方関与、医療決定への双方関与、居所指定については否定的な見解が多いことは注目に値します。特にＤＶ経験者にとっては、元配偶者と対等に協議をすること自体が現実的に極めて難しいことについては特段の配慮が必要と考えられます。

資料2

シングルマザーサポート団体全国協議会（全国31団体）への「離婚後等の子どもの養育に関するアンケート調査」から、家庭裁判所の子の監護に関する手続きを経験した人への調査結果ならびに家庭裁判所への要望

共同親権導入を含む民法改正法案は、父母が単独親権か、共同親権かで話し合いがつかない場合は、子への虐待がある場合や、ＤＶ（身体的ＤＶだけでなく精神的ＤＶも含む）その他の心身に有害な影響を及ぼす言動を受けるおそれがあり、父母が共同して親権を行うことが困難であると認められるときは、家庭裁判所が単独親権と決定するとしています。このように離婚事件や子の監護紛争において家庭裁判所での役割は極めて大きくなるでしょう。

では、これまでの家庭裁判所での子の監護紛争の実際はどのようなものだったのでしょうか。家庭裁判所の調停は非公開であるため、その実情は一般の人には分かりません。家庭裁判所では、双方に公平に調停や審判が行われているのか、これは立場によって感じ方が異なるかもしれませんが、実際に家庭裁判所の調停や審判を体験した当事者の声を聞き、家庭裁判所の実務が子どもの利益となっているか、改善すべき点は改善することが必要でしょう。

そこで、本調査では、「シングルマザーサポート団体全国協議会」（全国31団体）の会員を対

象として、２０２２年６月から７月に、家庭裁判所の調停を利用した１１４７人への調査（そのうち、家庭裁判所調査官の調査を受けた人は２８０人）を行いました。調査対象は離婚時に子どもが20歳以下で、調査時は子どもが26歳以下、ひとり親になってから10年以内です。すなわち、ここ10年ほどの家庭裁判所での調停などの様子がうかがえる資料です。

調査結果の全文は、法務省法制審議会家族法制部会第20回会議の赤石委員提出資料（２０２２年11月15日開催、分析は千田有紀（武蔵大学）、熊上崇（和光大学））として掲載されています。以下の法務省ホームページからご覧ください（https://www.moj.go.jp/content/001383775.pdf）。

資料２では、この調査結果から、主に家庭裁判所の調停で受けた印象や、ＤＶに関する家庭裁判所の受け止め方、面会交流に関する調停委員や家庭裁判所調査官の調査に対する受け止め方、面会交流を実施した際の実情についての自由記述を中心に抜粋しています。

英国ではCafcassと司法省、Women's Aidなどの当事者団体が協働で、家庭裁判所ケースの再検討を行い、より子の福祉に資する家庭裁判所運営の取り組みがなされ（Cafcass & Women's Aid, 2017)、家庭裁判所の実務指針も改定されています。

しかし、わが国の家庭裁判所では、家庭裁判所の調停や審判を利用した人への追跡調査はこれまで行われたことはなく、調停や審判において、当事者がどのような経験をしたのか、調停委員会や家庭裁判所調査官からどのような働きかけが行われているのか、調停や試行的面会交流をどのように当事者や子どもが受け止めたかについては明らかにされたことがありませんでした。

家庭裁判所の中立性の担保の向上、家庭裁判所の調停運営や調査における改善を図るために、大規模調査によって明らかにし、分析することが求められています。その結果が近年解決が困難な事例が多くなっている子の監護手続きにおいて、子の利益・福祉に資するものとすることが期待されます。

1　家庭裁判所の調停への印象（中立性に関する内容）

家庭裁判所の調停を利用した1147人、そのうち家庭裁判所調査官の調査を受けた280人への調査結果によると、家庭裁判所の調停において、中立的な立場で調停が行われたと思う人は169人（14・8％）でしたが、逆に中立的とは思わないとの回答者は251人（22・0％）でした。以下、自由記述からの抜粋です。

- 話の通じない相手ではなく私をなだめて説得しようとしてきた。
- 相手がモラハラで自分の意見を押し通してくるため、困った調停委員がいつもこちらに譲歩するように言ってくる。
- 元夫のこだわりが強く、彼の方はあまり折れそうになかったためか、私の方を説得しているように感じた。

・相手方が折れないので、あなたが少し折れたら早く離婚できるみたいなことを言われた。
・相手がおかしいと思ってくれる同じ立場でいてくれた。相手がおかしいからもう私が折れるしかないという説得だったことが、いまいち納得できない。
・高圧的な元夫の意見に圧され、こちらに歩みよるよう促された。
・元夫が調停室でも思い通りにいかないとキレて暴れているので、調停委員の方達が元夫に振り回されて（DVのよくあるコントロール）私側に説得を求めてきた。
・父親は社会的信用のある職業だった為か、あからさまに父親の意見が信用できるもので、私の意見は嘘だと決めつけて話を進められていた。

当事者の言い分だけでは、実際にどのような調停が行われたのかはわかりませんが、当事者は「自分が折れるように」と説得されていると感じている人が多くいるようです。その際に「離婚しないように」という価値に基づいて説得される場合もあれば、「相手方が納得しないから」「うるさくいう者に従う流れ」「思い通りにいかないとキレて暴れるので」など、対等に話し合いができないという理由で、力の強いほうにおもねる傾向がある、と感じている人が多く見られました。

2　DVに関する家庭裁判所の受け止め方

DVがあると当事者が調停委員に伝えても「でもそれは2－3回だったんでしょう、日常的な暴力ではないからＤＶや虐待として認められない」「年に4回ほどの暴力は大したことではない」「それくらい我慢しろ」などと言われたりした経験が述べられていました。また調停委員から「やり直してみたら」と言われたり、多くの人が、自分ばかりが説得されると感じていました。

- 「全く離婚する理由にならない」「良い旦那さんじゃない？何で離婚するの」「みんな世の中の男の人なんてそんなもんよ。ただ働いてお金入れてくれると思ってやっていくのはどう。」…などなど調停日の度に必ずこんなようなことを言われました。
- ＤＶや虐待があったといって証拠の写真と診断書を提出しても、「でもそれは2～3回だったんでしょう？日常的な暴力ではないからＤＶや虐待として認められない」と言われた。
- 年に4回ほどの暴力は大した事ない。暴力はお互い様だと相手が言っている。相手は気が短いみたいだから、私が怒らせないようにするべきだと、進言された。
- 異性関係の証拠、モラハラや暴力を記録した日記と写真、警察への相談記録、子供の自傷行為の写真などＡ4用紙40～50枚ほどの証拠を提出したにも関わらず、ゼロにされた。理由は、「払うお金がないから、慰謝料よりも養育費をきちんと払ってもらう方が得でしょう」と説得された。
- 旦那さんからの暴力なんて1回なんだしやり直してみたらとまで言ってきた。
- 暴力があり、警察にも逃げるように言われたのに、よりをもどすように何度も説得された。
- 相手が逮捕され母子はシェルターに入り、保護命令も出ている中ＤＶの内容に疑問視された。面会を増やせれば離婚の話が進むとの説明が納得出来ず苛立ちを感じた。身の危険を感じて暮らしていました。

3　面会交流ありきの調停委員の働きかけと非対称性

面会交流の調停についての記載が最も多く見られました。自由記述では「(保護命令が出ていても)相手は反省していると何度も面会交流するように言われた」「養育費を払って欲しいなら面会交流しなさい」と調停委員に言われるケースがあり、子どもへの悪影響を指摘しても「みんな経験している」「我慢しろといわれる」「面会させないと変な大人に育つから面会させた方が良い」などと面会交流を行う方向で調停の働きかけが行われており、別居親へは働きかけがないが同居親に面会交流を行う責任を負わせるという、中立ではなく非対称性が見られていました。

- 保護命令もでて面会交流はできないといいましたが、相手は反省していると何度も面会交流をするよう調停委員に言われた。DVのことを理解してもらえない、と深く傷つきました。
- 面会交流の待ち合わせ場所で、人混みの中、私に怒鳴りつけたり罵倒することは取るに足らない我慢しなければならないことでしょうか?
- DVは子どもにはなかったといわれ、面会交流を強いられた。
- 面会交流に向けて裁判所で試行があったとき、子どもが父親と会うことにひどく怯えてプレイルームのような場所にさえ入らなかったことを受けても、日を改めてもう一度試行をしないかと言ってきたこと。

- 面前ＤＶがあったにも関わらず、何度説明しても、「面会交流は子供の為だから」と必ず面会するよう言われた。
- ＤＶや虐待があったといって証拠の写真と診断書を提出しても、「養育費を払って欲しいなら面会交流しなさい」と言われたこと。
- 子どもに被害はあたえていないから暴力にはならないと、押し切られた。結果その後面会交流することで、子どもが病気になってしまった。
- 面会で子どもに心身共に悪影響が出た後も父親はそれを考慮せず面会要求してきたが、「お父さんの愛情を子どもに伝えてください」と言われた。ＤＶがあったのに「お母さんからお父さんの愛情を子どもに伝えて下さい」と言われた。面会させないと変な大人に育つから面会させた方が良いと言われた。

以上のように、ＤＶを主張したときに、面会交流は「子どもに被害はあたえていないから暴力にはならない」「ＤＶは子どもにはなかったといわれ、面会交流を強いられ」、またときには「義務」と言われてまでするように促されている様子がうかがえました。子どもに対する虐待を主張しても、同様でした。「ＤＶで傷ついた心にさらに二次被害を受けた気持ち。モラハラも理解していない調停委員がにくくてたまらない」、保護命令が出ていても相手の「反省」を盾になんども面会交流を迫られ、「DVのことを理解してもらえない、と深く傷つきました」と、DVや虐待、暴力を理解されないそのこと自体に、大きな傷つきを経験していました。

また、子どもへの悪影響を指摘しても、「みんなが経験している」「我慢」しろといわれ、取り合ってもらえず、DV被害者に「お母さんからお父さんの愛情を子どもに伝えて下さい」「面会させないと変な大人に育つから面会させた方が良い」「(あなたが) DVで相手を怖がっているから、それを感じ取って子どもが父親に会いたがらないのでは? そういう感情を表に出すのはやめた方が良い」と、どのような関係でも面会すること自体が子どもの利益であることを前提とされ、面会交流をするように勧められている様子がうかがえました。

このようにDVが主張されても、原則として面会交流を推進していくやり方は、DV被害者の傷つきを深め、その回復を阻害され、子どもへの監護への影響が出ることが想定されます。さらに、このような強引な面会交流を進めた結果、かえってDV加害者との信頼関係を築くことを困難にさせ、面会交流の実現や、面会交流のあり方に困難をもたらすことが推察されます。DVや虐待に関しては、より細心の注意を払った調停のありかたが必要とされるのではないでしょうか。

また、同居親が面会交流を行う責任を負わされる一方で、別居親が面会交流をしたくないといった場合には、それが容易に実現してしまいます。「子どものため」といいつつ、面会交流の実施への働きかけには、明らかな非対称性があるのではないでしょうか。

4　家庭裁判所調査官調査への評価

家庭裁判所調査官の調査については、「十分に調査された」という126人（45％）の回答があり、「家庭訪問の際、子供の様子や意見をしっかりみてくれた」と評価や感謝する声がありました。一方で、「不本意な方向に誘導された」74人（26％）や「子供に悪い影響を与えた」48人（17％）が見られました。記述では「面会交流に応じないと、きみはお父さんを自殺に追いやるよ」と調査官が子どもに話したり、面前DVのあったケースで加害親の写真を子どもに見せて「これがお父さんだよ」と言うケースもありました。また、家庭裁判所における試行的面会交流について、これを子どもが拒否したのに、調査官から「短時間なら良い？」「少しだけ会ってあげて、お父さんに直接話したらどうかな」と、子どもの意見を尊重せず試行的面会交流に誘導した結果、子どもが体調を崩すケースも報告されました。

①十分に調査されたと評価や感謝する声

- こちらの方にとても耳を傾けて頂いた。
- 真摯に調査し報告してくれました。
- 家庭訪問の際、子供の様子や意見をしっかりと見てくれたので、問題点はなかった。
- 誠実に子どもにも向き合ってくれたと感じた。
- 調査官は話をちゃんと聞いてくれて、お話もわかりやすく、入ってくださってとてもよかったです。
- 好印象で話しやすかった。

・とてもお優しい方で、ＤＶの主張も聞いてくださり、安心できました。

45・０％の人が十分調査されたと述べているように、丁寧に調査されたという感想がありました。「誠実に向き合ってくれた」「きちんと調査された」という評価とともに、感謝が述べられていました。またＤＶの主張を聞いてもらった、面会交流が難しいことが理解されたという意見も、各々１件ずつ存在しました。さらに調停委員に比べて、調査官は信頼感があったという意見もありました。

②不本意な方向に誘導されたという声

・調査官が、面会交流有りきだった。
・調査官調査は夫側に有利に働くものだと感じた。精神的な暴力は、調停では認められず、面会交流こそ子どもの幸せであると繰り返し言われ、違和感を覚えた。
・調査官に面会交流をするように説得をされたり、書面が来た。調査官あてに、反論する文書を提出したが、目を通してもらっているとは感じなかった。通り一遍の「面会交流をしなさい」以外に言うことがないのだろうか？と思えた。
・調査官が面会をさせようという方向に持っていくのは辛かった。夫と面会して、子供に悪い影響が出たらそこはお母さんの腕の見せ所ですよと言われて、本当に何もわかっていないのだなと失望した。
・保育園の様子も調査しており、子供も良くない影響があることを書いておきながら、面会は妥当と全く一貫性のない書面を出されて結局は、面会ありきで書面を書いているのだとしか思えない内容だった。

・調査官も面会交流ありきだった。どうして会わせないのか、そればかりだった。診断書や医師の意見書、療育の内容、病院からの意見等は全く無視された。「(相手側に会わせて) 何か悪い影響があれば病院を受診してください」と捨て台詞さえあった。

・嫌がっており、医師からも会わせるべきではないと意見書がでているのに報告書では面会交流すべきだと書かれた。そのせいで子供は不安定になり登校できなくなった。こどもへの精神的DVは立証が難しい。だからこその調査官調査なのに、調査官が考えている着地点に無理矢理おさめられる感じの調査なので意味がないと思う。

このように「不本意な方向」と感じた調査官の調査は、ほぼ面会交流に関するものでした。「面会交流有りき」「夫婦間のDVなどの問題点には触れず、面会は子どもにとって良いことだという前提だった」など面会交流をすることが、善であるという前提があるように感じている人が多くいました。

調査自体は事実に沿っていても、そこから面会交流が「妥当」であるという結論に一気に飛んでいるところに整合性のなさを指摘する声もありました。

また、子どもの拒否的な態度が、正しく反映されていないと感じている人も多く見られました。

5　面会交流中の子どもの様子

面会交流については、「面会交流をしない」理由として、第一に別居親の失踪や家出がある場合、第二に子どもが会いたがらない場合、第三に別居親が会いたがらない場合などの事情がありました。具体的な面会交流場面については以下のような記述が見られました。

面会交流中の不適切な養育や怪我など

- オムツを一日中換えてもらわなかったり、怪我をして帰ってくる。
- 子どもと約束をしたのに約束をまもらず子どもを泣かせたり行っても迷子にさせたり、きちんと面倒が見られなかった。
- 子供が食べられるメニューがない店に連れていき「昼食はほぼ食べなかった」と伝言があり、子供がお腹を空かせていた。オムツも漏れるまでかえてもらえなかった。
- ご飯をおにぎり1個しか食べさせない。とかずっとゲームしている。
- 終了時間を守らない。営業中のスーパーの駐車場でスケートボードを勧めるといった非常識な迷惑行為を子に強要して子どもが対応に困っていた。子どもは断ったと言っていた。
- 子どもが帰りたいと言っても帰らせてくれない。事前に何も言わずに自分の両親を連れてきたことがあった。
- 子供が疲れたと言っているのに、自分が長く会いたい理由から何かと理由を作り面会時間を長くしようとする。結果子供が夜中、疲れたと泣き叫び何度も起きる結果になり、（私も）寝不足になり、仕事に支障がでています。
・野外運動場に子どもだけ置き去りにして仕事へ行ってしまい、次男がアスレチック遊具で溺死しかけ、それを必死に助けた長男と共に、2人とも心の病を患って、今もカウンセリングに通っている。
・息子達には食物アレルギーがあるのに、配慮が無いままキャンプに連れて行き、息子達が食べられる食品が少なく、かなり粗末なものを食べて空腹のまま過ごす羽目になった。
・面会中、冗談で子どもに包丁を向けてしまうなど。子ども達が面会を拒否しだして、私が付き添いしないと面会ができない状況になった。私自身も精神的な苦痛が大きすぎる。
「長時間オムツをかえてなかった」「オムツも漏れるまでかえてもらえなかった」などオムツを放置したり、ご飯を適切に食べさせないなどの行為が見られていました。また「怪我をさせた」など、身体的な安全面への配慮に疑問をもつ監護親もいました。

また「迷子にさせた」「ずっとゲームしている」「営業中のスーパーの駐車場でスケートボードを勧める」などの不適切な面会交流のケースもありました。

さらに「子どもが帰りたいと言っても帰らせてくれない」など自分の都合が優先されている行為もあり、面会の結果、「普段はほとんど熱を出さない子供が面会をした日に限り度々熱を出す」ケース、「面会交流の後子どもが精神的に不安定になってしまい生活への影響がある」ケースもありました。

「相手による性的な面での不適切な関わり」「冗談で子どもに包丁を向けてしまう」なども報

告されていました。

本調査から、家庭裁判所の調停や調査では、同居親（主に母親）に対して面会交流などで譲歩を促す非対称性や、子どもが拒否していても面会交流を促している実情が見られました。2020年以降、家庭裁判所は「ニュートラル・フラット」な運用を行うとされていますが、まだ十分とはいえないように思われます。家庭裁判所には、本調査結果を踏まえ、当事者の声に耳を傾け、同居親だけに譲歩を促すことなく、公平・中立な調停や調査を行い、子どもの心身への配慮をすることが求められます。

資料3

「離婚後共同親権の導入を含む民法改正案」

本書の各論考は、法制審議会家族法制部会での議論や、２０２４年1月にとりまとめされた同部会の要綱案を元に書かれています。これは「家族法制の見直しに関する要綱案」で法制審議会家族法制部会第37回資料として法務省ホームページに掲載されています（https://www.moj.go.jp/shingi1/shingi04900001_00238.html）。

そして、本書を編集中の２０２４年３月８日に離婚後共同親権の導入を含む民法改正法案が閣議決定され、国会での審議に入り、改正法案も法務省ホームページから見ることができます（https://www.moj.go.jp/MINJI/minji07_00348.html）。

ここでは、改正法案で本書の論考に関連する箇所、とりわけ「親権の行使方法等」（民法８２４条）、「離婚又は認知の場合の親権者」（民法８１９条）、「離婚後の子の監護に関する事項の定め等」（民法７６６条）、「十五歳未満の者を養子とする縁組」（民法第７９７条）についていくつか抜粋します。

これらの条文が改正されると、本書の各論考で述べられているように、「急迫」でないと子連れ転居できないことや、双方合意がなくても家庭裁判所が共同親権を命じることもあります。特にＤＶが主張されるケースでも、立証が十分でないと共同親権を家庭裁判所が命じる可能性もあり、本法案の大きな懸念点になっています。

「親権の行使方法等」（民法824条の2）

親権は、父母が共同して行う。ただし、次に掲げるときは、その一方が行う。

一　その一方のみが親権者であるとき。

二　他の一方が親権を行うことができないとき。

三　**子の利益のため急迫の事情**があるとき。

2　父母は、その双方が親権者であるときであっても、前項本文の規定にかかわらず、監護及び教育に関する**日常の行為に係る親権の行使を単独**ですることができる。

3　特定の事項に係る親権の行使（第一項ただし書又は前項の規定により父母の一方が単独で行うことができるものを除く。）について、父母間に協議が調わない場合であって、子の利益のため必要があると認めるときは、家庭裁判所は、父又は母の請求により、当該事項に係る親権の行使を父母の一方が単独ですることができる旨を定めることができる。

〔編者注：婚姻中共同親権で、「子連れ別居」する際にも、「子の居所指定」は共同で行うため、父母双方の合意なく「急迫」の場合以外は、「子連れ別居」することができません。DVや虐待の主張があり「急迫」であるかどうか争いがある場合、家庭裁判所の決定となることがあるため、事実上の「子連れ別居」抑制規定となりえます。今回の改正案での最大の懸念点でもあります。また、2項において、監護及び教育に関する日常の行為については、親権を単独で行使できるとあります。すると一方が子どもの習い事を契約し、一方が解約するといったことも互いに単独行使で可能となり、結局のところ日常行為も双方の事前同意が必要となる点も、子どもにとって本法の懸念される点です。」

「離婚又は認知の場合の親権者」（民法第819条）

父母が協議上の離婚をするときは、その協議で、その双方又は一方を親権者と定める。
2　裁判上の離婚の場合には、裁判所は、父母の双方又は一方を親権者と定める。
3　子の出生前に父母が離婚した場合には、親権は、母が行う。ただし、子の出生後に、父母の協議で、父母の双方又は父を親権者と定めることができる
4　父が認知した子に対する親権は、母が行う。ただし、父母の協議で、父母の双方又は父を親権者と定めることができる。
5（略）
6　子の利益のため必要があると認めるときは、家庭裁判所は、子又はその親族の請求によって、親権者を変更することができる。

7　裁判所は、第二項又は前二項の裁判において、父母の双方を親権者と定めるかその一方を親権者と定めるかを判断するに当たっては、子の利益のため、父母と子との関係、父と母との関係その他一切の事情を考慮しなければならない。この場合において、次の各号のいずれかに該当するときその他の父母の双方を親権者と定めることにより子の利益を害すると認められるときは、父母の一方を親権者と定めなければならない。

一　父又は母が子の心身に害悪を及ぼすおそれがあると認められるとき。

二　父母の一方が他の一方から**身体に対する暴力その他の心身に有害な影響を及ぼす言動**（次項において「暴力等」という。）を受けるおそれの有無、第一項、第三項又は第四項の協議が調わない理由その他の事情を考慮して、**父母が共同して親権を行うことが困難**であると認められるとき。

8　（略）

〔編者注：4項では、子を認知した父も共同親権にする申し立てをすることができます。また、6項では、過去に離婚したケースでも、共同親権への変更を申し立てることが可能となり、現在単独親権下で安心して暮らしている人も再度家庭裁判所の調停になることも考えられます。また、7項は、子への虐待やDVケースでは単独親権となることが明記されています。単独親権と家庭裁判所が定める場合として「父又は母が子の心身に害悪を及ぼすおそれ」（子ども虐待）と、「身体に対する暴力その他の心身に有害な影響を及ぼす言動」（暴力等）が挙げられています。しかし第一章の金澄論文の指摘の通り、「子に害悪」あるいは身体に対する暴力その他の心身に有害な影響を及ぼす言動（「暴力等」という）を受けるおそれの有無を同居親側が立証する必要があり、双方対立して立証できなければ、非合意ケースでDVや虐待を訴えるケースでも共同親権を家裁が命じるケースが出ることが懸念されます。」

「離婚後の子の監護に関する事項の定め等」（民法第766条）

父母が協議上の離婚をするときは、子の監護をすべき者又は子の監護の分掌、父又は母と子との交流、子の監護に要する費用の分担その他の子の監護について必要な事項は、その協議で定める。この場合においては、子の利益を最も優先して考慮しなければならない。

2〜4（略）

（審判による父母以外の親族と子との交流の定め）

第766条の二　家庭裁判所は（中略）子の利益のため特に必要があると認めるときは（中略）監護について必要な事項として父母以外の親族と子との交流を実施する旨を定めることができる。

（中略）

一　父母

二　父母以外の子の親族（子の直系尊属及び兄弟姉妹以外の者にあっては、過去に当該子を監護していた者に限る。）

〔編者注：現行法では、監護者が定められ日常の監護に関する決定を行っていますが、本法案では「監護者を定めない」場合もあるとされ、「監護の分掌」を定めるとなりました。「監護の分掌」については（第一章の金澄論文を参照）、「事項の分掌」として、例えば教育や保育に関することは母、医療に関することは父、というように監護の内容で分けること、「期間の分掌」として監護の期間を分ける（平日は父、週末は母、あるいは、夏休みは父、など細かく定めることも協議で可能となる）ことも考えられます。協議ができなければ家庭裁判所で決定するため、この点についても紛争が生じるでしょう。また監護の期間の分掌が決められると、履行されない場合の法的なペナルティも生じるため、主たる監護者に対しては相当な負担となりえます。766条の2は、面会交流に関する規定であり、本改正案では、祖父母や親族の申し立てが新たに可能となり、面会交流の申し立てや紛争も増えることが予想されます。〕

「十五歳未満の者を養子とする縁組」（民法第797条）

3　第一項の縁組をすることが子の利益のため特に必要であるにもかかわらず、養子となる者の父母でその監護をすべき者であるものが縁組の同意をしないときは、家庭裁判所は、養子となる者の法定代理人の請求により、その同意に代わる許可を与えることができる。

〔編者注：第一章金澄論文に記載のとおり、同居親が子連れで再婚し再婚相手と15歳未満の子の養子縁組をする際に、共同親権者の別居親との協議が必要となり、合意が得られなければ家庭裁判所の決定となり、その際に「子の利益のために特に必要」であることを同居親が主張する必要があります。そのため15歳未満の養子縁組は、別居親の同意が得られないからとあきらめるケースも出てくる可能性もあります。その場合、再婚家庭でも子の進学や医療、転居などで別居親の共同親権者の許可が必要となり、再婚家庭の子どもをコントロールすることが可能になることが懸念点となります。〕

初出一覧

まえがき　書き下ろし

本書刊行への思い　書き下ろし

第一章　金澄道子「共同親権が導入されたら、同居親と子どもの生活はどう変わるのか？　弁護士の立場から」（２０２２年９月４日、オンライン講演）

第二章　第一節　木村草太「離婚後の『非合意・強制型共同親権』導入論の背景と問題」（『世界』２０２３年４月号、岩波書店、２０２３年３月）

第二章　第二節　太田啓子「未来は私たちの手でつくる―ひとり親支援者、当事者が今できること―『共同親権』論のおかしさを世の中に伝えよう」（２０２２年９月24日講演）

第三章　一・二　しんぐるまざあず・ふぉーらむの会員向けアンケートおよびヒアリング（Aさん、Bさん、Gさんの体験談は法制審議会家族法制部会第20回でのヒアリングでの発言をもとに構成）

第四章　大石亜希子「ひとり親世帯の貧困と家族法制の見直し―省庁横断的な対応を」（『週刊社会保障』３１９８号、法研、２０２２年12月）

第五章　中川瑛「加害者心理とその変容プロセス」（２０２２年10月15日講演）

第六章　岡村晴美「ＤＶについて考える――被害者支援の立場から」（２０２２年10月８日、オンライン講演）

終　章　書き下ろし

あとがき　書き下ろし

太田　啓子（おおた　けいこ）**【第二章第二節】**

1976年生。2002年弁護士登録。湘南合同法律事務所所属。離婚事件等の一般民事事件を主に扱う。著書『これからの男の子たちへ「男らしさ」から自由になるためのレッスン』（大月書店、2020）、『50歳からの性教育』（共著、河出書房新社、2023）、『いばらの道の男の子たちへ ジェンダーレス時代の男の子育児論』（共著、光文社、2024）他。

田中　志保（たなか　しほ）**【第三章三】**

シングルペアレント101（ワンオーワン）代表。「ひとり親家庭でも安心して暮らせる社会の実現」を掲げ、「ひとり親当事者支援」「ひとり親支援者支援」「未来の当事者支援」「政策提言」を仲間と行う。2023年第1回「未来をつくるこどもまんなかアワード」受賞。著書に『プレ・シングルマザー手帖』（issue+design books、2023）。

大石亜希子（おおいし　あきこ）**【第四章】**

千葉大学大学院社会科学研究院教授。日本経済研究センター研究員、国立社会保障・人口問題研究所室長などを経て現職。博士（学術）。東京都立大学子ども・若者貧困研究センター客員教員。こども家庭庁こども家庭審議会委員。法制審議会家族法制部会委員（2021～24年）。専門は労働経済学・社会保障論。

中川　　瑛（なかがわ　えい）**【第五章】**

モラハラ・DV加害当事者団体GADHAを主宰し、ミクロな「加害者」個人の変容や、その背景にあるマクロな「加害者を生み出す構造」の変容に取り組む。近著に『ハラスメントがおきない職場のつくり方』（大和書房、2023）、『孤独になることば、人と生きることば』（扶桑社、2023）、コミック『99％離婚』（KADOKAWA）シリーズ原作など。

岡村　晴美（おかむら　はるみ）**【第六章】**

名古屋大学法学部卒。2007年1月に弁護士登録。いじめやハラスメントに関する事件のほか、DV、ストーカー、性被害事件など、女性の権利擁護に関する事件を中心に取り組む。弁護士法人名古屋南部法律事務所（愛知県弁護士会）所属。著書に、「面会交流と共同親権」（編著、明石書店、2023）。

執筆者紹介（＊は編者）

赤石千衣子＊（あかいし　ちえこ）**【まえがき】**

ＮＰＯ法人しんぐるまざあず・ふぉーらむ理事長。ひとり親家庭サポート団体全国協議会理事長。当事者かつ支援者としてシングルマザーと子どもたちが生き生きくらせる社会をめざす。こども家庭審議会こどもの貧困対策・ひとり親家庭支援部会委員。前法制審議会家族法制部会委員。社会福祉士。キャリアコンサルタント。著書に『ひとり親家庭』（岩波新書、2014）他がある。

熊上　崇＊（くまがみ　たかし）**【本書刊行への思い・終章・あとがき】**

和光大学現代人間学部教授、博士（リハビリテーション科学）筑波大学大学院人間総合科学研究科博士後期課程修了。家庭裁判所調査官（1994～2013）、立教大学助教を経て、2018年から現職。公認心理師、特別支援教育士SV。著書として、「面会交流と共同親権」（編著、明石書店、2023）、「ケースで学ぶ司法犯罪心理学 第２版」（明石書店、2023）など。

金澄　道子（かなずみ　みちこ）**【第一章】**

1992年弁護士（東京弁護士会）登録。現在、東京都港区で金澄道子法律事務所を開設。東京家庭裁判所家事調停官（非常勤裁判官）や法制審議会民法（相続関係）部会幹事の経験を踏まえ、離婚・相続などの家事事件を中心に扱っている。共著として『Before/After 相続法改正』（弘文堂、2019）、『Q&A 改正相続法のポイント』（新日本法規出版、2018）、『家事調停の実務』（青林書院、2014）など。

木村　草太（きむら　そうた）**【第二章第一節】**

1980年横浜生まれ。2003年、東京大学法学部卒業。同年、同大学法学政治学研究科助手を経て、2006年より首都大学東京（現東京都立大学）准教授。2016年より東京都立大学教授。専攻は憲法学。主な著書に『平等なき平等条項論』（東京大学出版会、2008）、『ほとんど憲法』（河出書房新社、2020）、『「差別」のしくみ』（朝日新聞出版、2023）など。

編集協力

田中　志保（シングルペアレント101代表）

佐藤　智子（特定非営利活動法人ひまわり理事長/シングルマザーサポート団体全国協議会副代表）

カバー挿画

大江戸斬子（ペンネーム、いくらの会）

別居・離婚後の「共同親権」を考える
子どもと同居親の視点から

2024年 5 月31日　初版第 1 刷発行

編著者　熊上　崇・赤石　千衣子
発行者　大　江　道　雅
発行所　株式会社　明石書店
〒 101-0021　東京都千代田区外神田 6-9-5
電　話　03（5818）1171
F A X　03（5818）1174
振　替　00100-7-24505
http://www.akashi.co.jp
装　　丁　明石書店デザイン室
印刷／製本 モリモト印刷株式会社

（定価はカバーに表示してあります）　ISBN978-4-7503-5785-0

面会交流と共同親権

当事者の声と海外の法制度

熊上崇、岡村晴美［編著］
小川富之、石堂典秀、山田嘉則［著］

◎A5判／並製／208頁　◎2,400円

実際に面会交流の調停をしている当事者（同居親）や面会交流している子どもの「生の声」をはじめ、アメリカ、イギリス、オーストラリアの事例、さらには面会交流に直面する子どもたちの精神状態を踏まえて、元家庭裁判所調査官、弁護士、家族法学者、精神科医が考察・提言する。

《内容構成》

〈価格は本体価格です〉

子どもの権利ガイドブック【第2版】

日本弁護士連合会子どもの権利委員会［編著］

◎A5判／並製／576頁　◎3,600円

子どもの権利について網羅した唯一のガイドブック。教育基本法、少年法、児童福祉法、児童虐待防止法等の法改正、さらに、新しく制定されたいじめ防止対策推進法にも対応した待望の第2版。専門家、支援者だけでなく、子どもに関わるすべての人のために——。

●内容構成

総論

子どもの権利に関する基本的な考え方

はじめに／権利主体として子どもを捉える／憲法と子どもの権利／おとなの行動の制約原理としての子どもの権利／子ども自身の選択・決定を大切にする／国際的に承認された子どもの権利／国連子どもの権利委員会の審査と最終見解／救済活動の基本要領／具体的な権利救済の手段

各論

いじめ／不登校／学校における懲戒処分／体罰・暴力／学校事故（学校災害）・スポーツ災害／教育情報の公開・開示／障害のある子どもの権利——学校生活をめぐって／児童虐待／少年事件（捜査・審判・公判）／犯罪被害を受けた子ども／社会的養護と子どもの権利／少年院・少年刑務所と子どもの権利／外国人の子どもの権利／子どもの貧困

〈価格は本体価格です〉

子ども虐待対応におけるサインズ・オブ・セーフティ・アプローチ実践ガイド
子どもの安全(セーフティ)を家族とつくる道すじ
菱川愛、渡邉直、鈴木浩之編著 ◎2800円

ワークで学ぶ 子ども家庭支援の包括的アセスメント
要保護・要支援・社会的養護児童の適切な支援のために
増沢高著 ◎2400円

児童虐待対応と「子どもの意見表明権」
一時保護所での子どもの人権を保障する取り組み
小野善郎、藥師寺真編著 ◎2500円

子どもアドボケイト養成講座
子どもの声を聴き権利を守るために
堀正嗣著 ◎2200円

子どもアドボカシーと当事者参画のモヤモヤとこれから
子どもの「声」を大切にする社会ってどんなこと?
栄留里美、長瀬正子、永野咲著 ◎2200円

施設訪問アドボカシーの理論と実践
児童養護施設・障害児施設・障害者施設におけるアクションリサーチ
栄留里美、鳥海直美、堀正嗣、吉池毅志著 ◎5500円

子どもアドボカシー つながり・声・リソースをつくるインケアユースの物語
畑千鶴乃、菊池幸工、藤野謙一著 ◎2200円

子どもアドボカシーの基本原理
子ども主導の意見形成・表明・実現のために
堀正嗣編著 ◎4500円

医療・保健・福祉・心理専門職のためのアセスメント技術を高めるハンドブック【第3版】
ケースレポートとケース記録の方法からケース検討会議の技術まで
近藤直司著 ◎2000円

国際セクシュアリティ教育ガイダンス【改訂版】
科学的根拠に基づいたアプローチ
ユネスコ編 浅井春夫、艮香織、田代美江子、福田和子、渡辺大輔訳 ◎2600円

「国際セクシュアリティ教育ガイダンス」活用ガイド
包括的性教育を教育・福祉・医療・保健の現場で実践するために
浅井春夫、谷村久美子、村末勇介、渡邉安衣子編著 ◎2600円

日本社会とポジショナリティ
沖縄と日本との関係、多文化社会化、ジェンダーの領域からみえるもの
池田緑編著 ◎4800円

マチズモの人類史 家父長制から「新しい男性性」へ
イヴァン・ジャブロンカ著 村上良太訳 ◎4300円

男子という闇 少年をいかに性暴力から守るか
エマ・ブラウン著 山岡希美訳 ◎2700円

ジェンダーについて大学生が真剣に考えてみた
あなたがあなたらしくいられるための29問
佐藤文香監修 一橋大学社会学部佐藤文香ゼミ生一同著 ◎1500円

フェミニスト男子の育て方
ジェンダー、同意、共感について伝えよう
ボビー・ウェグナー著 上田勢子訳 ◎2000円

〈価格は本体価格です〉